邏輯原理與應用

Principles and Practices of Logic

高哲翰◎編著

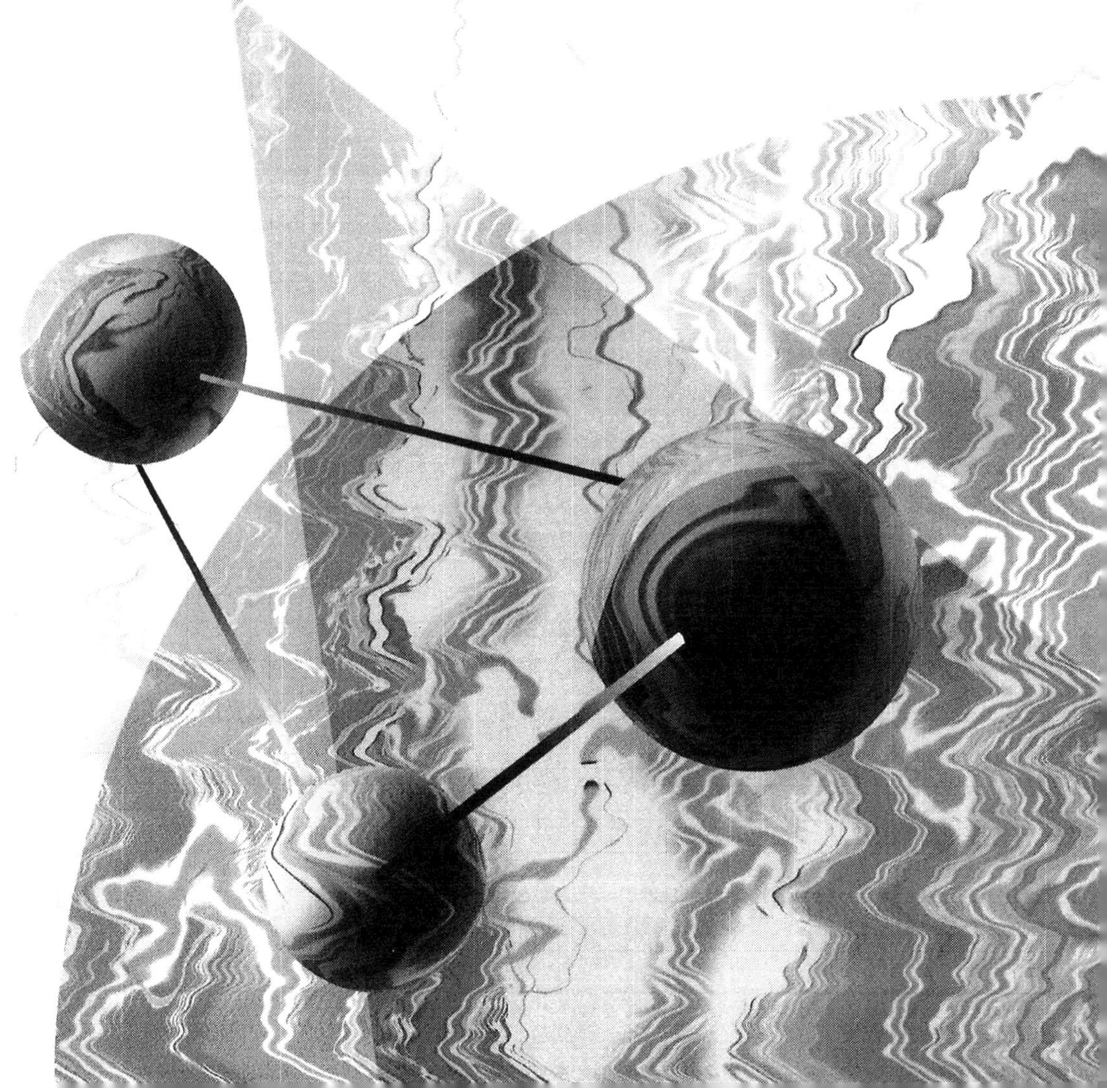

自序

邏輯是一門外國學問，起源於希臘。西元前四世紀，亞里士多德看到以前的哲學家們，特別是詭辯派（sophist），專門於口頭性的技巧辯論，而忽略了眞理的客觀價值，乃寫出了他的名著*Hoyikn*——《邏輯》。其目的是教導人「正確的思維法則」，以研究哲學的眞理。

hoyikn來源於oyos，乃言語、觀念、道理等意義，亞里士多德稱此學問爲工具（organum）。換言之，此學科爲研究諸事諸學的工具，其本身不是哲學思想，也不講眞僞問題，只是研究學術思想的方法而已。

《邏輯》正式傳入我國是明末清初時，由天主教傳教士Franciscus Futado與李之藻先生合譯成中文，名爲「明理探」。嚴復先生於清朝末年將Stuart Mill的*System of Logic*譯成「名學」，之後馬相伯先生譯爲「原言」，王國維先生譯爲「辯學」，日本學者譯爲中國學者所採納的「論理學」。最後，國父　孫中山先生定名爲「理則學」，隨在我國的學術界正式講授。國父在他的《孫文學說》內曾言：「以往的邏輯譯名，皆不完善，不能夠代表全書的旨意，而只代表書中的部分意義，實在邏輯學是研究諸事諸學的規則，應譯名爲『理則學』」。近代學者則隨西洋譯法，依音譯爲邏輯學。

邏輯的實質定義：研究思維的正確性科學。科學（science），其特徵是有系統、有組織的學問，有原理及原因，並可用實驗證明的。

邏輯正是如此，由觀念開始，經名詞、語句，而判斷、推論。換言之，邏輯學的觀念、名詞、命題、三段論證，由開始到結束，完全是依附性的接連著，有完善的規則系統與整齊的組織結構，正符合科學所要求的「知事理、明實性」。故邏輯學採用分析與歸納的方法，言明思想的內涵元素及思維所遵循的正確法則。

本書依序分爲原理與應用兩部分。原理部分，說明邏輯的結構與功能，及其與論證、觀念、名詞、定義、謬誤等的關聯性。應用部分，說明邏輯與法律、辯論、辯證法的關聯性。本書之編著乃個人多年講授基本邏輯的結果。全篇內容之整理、編排及寫作，均經個人縝密考量，期能提綱挈領，力求表達淺顯，以便初學入門。個人也衷心希望讀者能夠對本書融會貫通，且在實踐篤行中有所收穫。是爲論述。

本書的撰寫，來自吳家麟教授、林文雄教授、朱健民教授、鄺錦倫教授、黃藿教授、劉必榮教授、張振東教授、傅佩榮教授、王克儉教授、麥思先生、周天蓬先生等師長的許多學思脈絡，提示寶貴的高見，由於他們不藏私的傾囊智慧，所以才能有本書的編著完成，獲益良多，由衷感謝！

本書能撰寫完成，特別要感謝個人目前服務的學校——中央警察大學，由於它前瞻性的教學研究制度，系統周密的課程安排，不僅爲本書建立了完整的基礎架構，而且爲本書選擇了適當的內容。再者，本書之出版蒙揚智文化事業股份有限公司林新倫總編輯鼓勵外，政治作戰學校政治研究所博士班研究生劉振興、邱伯浩、江雪秋的協助，都是個人要表示感謝的。

轉任教職十六年多來，在教學、研究與社會服務的三重壓力之下，雖然自持向學有餘勇，卻也深感「學然後知不足」。好在內子鄧綺華女士，不僅勤儉持家使個人無後顧之憂，而且同甘共苦協助整理資料，終能順利完成本書之撰寫，對於她的寬容和支持，特此致以衷心的愛意。

對這許多曾經指導我、幫助我的師長與朋友，再致以衷誠的感謝！謹記於此以誌不忘。

高哲翰　謹識

二00二年五月於中央警察大學

目錄

緒論

「邏輯」一詞是西方哲學中“logic”一詞的中文譯名，此外，常見的譯名有「論理學」及「理則學」等。邏輯這門學問在西方哲學中有其長遠而持續的發展，也累積了相當的成就。與西方理則學在研究題材上近似的學問，在中國傳統哲學中有「名學」，在印度傳統哲學中有「因明學」。不過，就歷史的發展與體系的建立而言，中國的名學與印度的因明學皆有不及西方理則學之處。因此，儘管「邏輯」一詞有時可以廣義地使用而涵蓋西方的理則學、中國的名學與印度的因明學，不過本書論述的範圍僅限於西方的理則學，而「邏輯」一詞亦專指西方的理則學。

其次，就名詞的翻譯而言，「理則學」與「邏輯」都是常見者，前者爲意譯，後者爲音譯，二者皆指涉同一門學問。不過，就使用的便利而言，「邏輯」則優於「理則學」。因爲，「理則學」僅能用來指一門學問，而「邏輯」一詞除了這種用法之外，還可以做更廣泛的使用。例如，「他說的話不合邏輯」，在此，「邏輯」即指正確的推理規則。又如，「我不能接受你這種邏輯」，在此，「邏輯」即指一種推理方式，可能是正確的，也可能是不正確的。

換言之，在現行的語言用法中，「理則學」一詞只適合當做名詞使用，而「邏輯」除此功能之外，可以比較自然地轉爲形容詞來使用。因此，爲了使用上的方便，本書大多使用「邏輯」一詞。

經由上述的說明，我們僅對這門學問的名稱有所了解。但是，邏輯這門學問究竟在探討些什麼呢？或許這才是一般人比較關心的。

對於這個問題，我們可以簡單的回答說：「邏輯這門學問是以論證（arguments）爲其主要研究對象，它的目的在於研究出一些方法或原則，用以分辨正確的論證與不正確的論證。」

當然，僅憑如此簡單的界說，還是不足以使我們掌握邏輯這門學問的特性。因此，以下數章將進一步說明邏輯的原理與應用。

上篇　邏輯原理

第一章
觀念、名詞與定義

第一節　觀念

第二節　名詞

第三節　定義

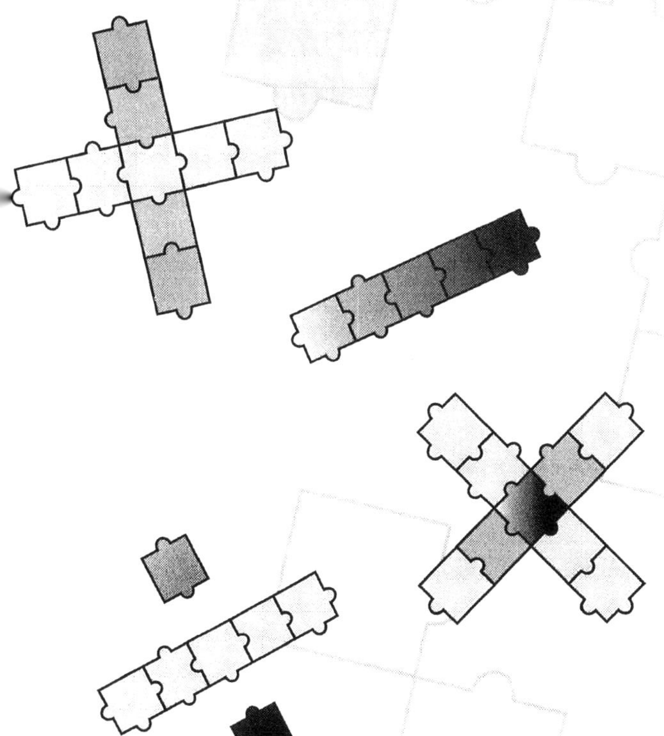

第一節　觀念

一、觀念的定義

台觀念，就亞里士多德而言，是事物普遍而抽象的認識。此定義顯現出，觀念來自於認識，換言之，無認識便沒有觀念，認識乃觀念的搖籃與基礎；無感官的第一步認識，不可能有觀念產生。

認識分兩種：感覺認識與理性認識；感覺的認識乃五官的認識，感覺藉感官而形成的主觀認識，如藉耳的認識有聲音的觀念，藉眼目的認識有色彩的觀念，藉口舌的認識有酸甜苦辣的觀念，藉鼻嗅的認識有氣味的觀念，藉手足的觸覺認識有冷熱軟硬的觀念。

智力的認識乃理性的認識，脫離可感覺的具體性，從事物的形狀、顏色、氣味、軟硬及時間與空間中，抽出事物的普遍共同性；此共同性質適合於該類事物中的每一個。如鐘錶是計時的工具，此「計時工具」的普遍共同性，適合於人間所有的鐘錶。

故「普遍性」是同類事物所共有的性質，「抽象」是智力的作用，拋棄事物的具體性，抽出具體事物中的精髓。因此，觀念成爲「事物在人領悟中的替身」，表現出事物的本質（quiddity）。

二、觀念的基本性質：質與量

質與量是觀念的兩大屬性，換言之，質與量是觀念的內涵與外延（comprehension & extension）。

觀念的內涵是就「質」言，觀念的外延是就「量」言。

觀念的內涵是指示構成觀念的元素之總和。

觀念的外延是觀念所指示的對象之總和。

觀念的內涵，也是構成觀念實質元素的表記，以確定觀念所指示的事物。故觀念的元素多者，其內涵必大；觀念的元素少者，其內涵必小。如「人」的觀念之內涵爲：物體、生物、有感覺的、有理性的，換言之，一個有理性及感覺的生物體，便是「人」的觀念之內涵。

觀念的外延，是觀念所表現的對象之總合；即觀念所指示的全部事體。故觀念所指示的對象多，其外延範圍必大；觀念所指的對象少，其外延必小；如「人」的觀念與「動物」的觀念，所指示的外延對象不一樣，「人」的觀念之外延，只指的有理性的兩條腿動物；而「動物」觀念的外延，能指示有理性的人，也能指示沒有理性的飛禽走獸。如下圖：

內涵←觀念→外延
物體→礦物、植物、動物、人
有生命的物體→植物、動物、人
有感覺及生命的物體→動物、人
有理智有感受及生命的物體→人

由上圖顯示，觀念內涵的大小，在於觀念元素的多少；而觀念外延的大小，則在於觀念所指示的對象之多少；因此，觀念內涵之多少，與該觀念外沿的大小成反比例。換言之，增加觀念的內涵，其外延必縮小；減少觀念的內涵，其外延必增大。如「動物」的觀念內涵是「物體」、「生物」、「有感覺的」，若增加上「有理性的」，則不是動物觀念的內涵，其外延專指示人。反之，若減少一個觀念內涵，去掉「有感覺的」，其外延必擴大，指示宇宙間所有的動植物。

由此，觀念的內涵，不能隨便增加，否則，觀念的性質變化，其外延指示的對象也跟著變化。而觀念的外延可隨便增加，其內涵的性質不變化。

內涵與外延成反比例的理由，是以內涵做基礎，因無觀念的內涵，必無觀念的外延。

三、觀念的分類

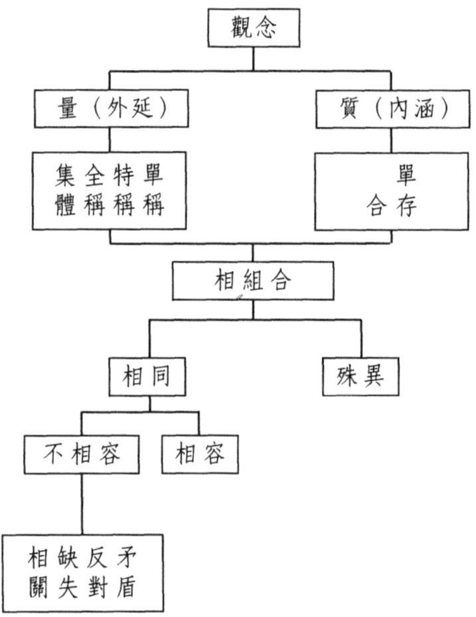

細講如下：

（一）觀念由內涵的組成元素分：

1.單純觀念（simple idea）：觀念的內涵元素只有一個，如：一、美、善、長、短等。

2.複合觀念（composite idea）：觀念的內涵元素由多個組成，如：大人、白馬、紅玫瑰等。

（二）觀念由外延所指示的對象分：

1.單稱觀念（singular idea）：觀念所指示的外延對象只有一個，如：孔子、亞里士多德（若觀念所指示的對象是普通名詞，此普通名詞前應加形容詞，如現任臺北市長）。

2.特稱觀念（particular idea）：觀念所指示的外延對象是部分的，如某些人，有些學生。

3.全稱觀念（亦名普通觀念）（universal idea）：觀念所指示的外延對象是全體性的。換言之，觀念指示對象的全體，及全體中的每一個。如：人。「人」是理性的動物，張三是「人」。

4.集體觀念（collective idea）：與全稱觀念不同，此觀念只能指示外延的全體性對象，而不能指示對象中的單獨一分子。如：軍隊、森林、圖書館等。

由以上「內涵與外延」的基點所組成的觀念，混合排列之，又可組成一系統觀念，如相同觀念、殊異觀念。

（一）相同觀念（identical idea）：相同觀念是兩個觀念就質的內涵言不同，就兩觀念所指示的外延對象言是一個，如「人」與「理性的動物」的觀念。「水」與「二氧化氫」（H_2O）的觀念；前者是單純觀念，後者是複合觀念，而兩觀念是指的同一事物。

（二）殊異觀念（diverse idea）：殊異觀念是兩個不同的觀念，指示兩個完全殊異的事物。如「馬」與「牛」是兩個不同的觀念，指示出兩個殊異的動物。

殊異觀念又分爲相容觀念與不相容觀念：

1.相容觀念（compatible idea）：相容觀念是兩個殊異的觀念，可以組合一起，構成一個新觀念。如：「白」與「馬」兩個觀念，一個形容色彩，一個指示動物，兩個組合一起，便形成「白馬」的新觀念。再者「小」、「美」、「人」，三個殊異的觀念，亦可組成「小美人」的一個新觀念。

2.不相容觀念（incompatible idea）：不相容觀念，乃兩個殊異的觀念，不能組合在一起，也無任何指意，如「人」與「牛」組合成「人牛」，此「人牛」無任何指意，也無觀念的意義。或「風」、「馬」、「牛」，組成的「風馬牛」，也無任何指意。

兩個殊異不相容的觀念，可以形成以下四種情況：

1.矛盾觀念（contradictory idea）：兩個殊異的觀念相對當，一個觀念否定另一個觀念（矛盾對當是對當中的最尖銳的對當，無任何中間性事物）。如「理性動物」與「非理性動物」、「金屬」與「非金屬」等相對觀念。

2.反對觀念（contrary idea）：兩個殊異的對當觀念在同一事物上，持兩極端。（在兩反對對當中，有中間性事物存在）。如：「黑」與「白」是反對觀念，在顏色上，黑與白是持兩個極端，其中間性爲「灰色」。

3.缺失觀念（privative idea）：兩個殊異的相對觀念，一個指事物應有的優長（perfect），一個指該優長的缺失（defect），如「明眼」與「瞎眼」、「說話」與「啞吧」、「健康」與「疾病」等。

4.相關觀念（relative idea）：兩個殊異的對立觀念，其起因是彼此間相關連。如「父」與「子」、「夫」與「妻」、「兄」與「弟」等觀念。

除以上系統性的觀念區分外，尚有三種不同的區分，如：

（一）由形成觀念的來源分：

1.直觀觀念（induitive idea）：直觀觀念是人類五官的直接感覺，由具體的事物中獲得的觀念。如「臺北市總統府」的觀念，是由我親眼看見獲得的。

2.推知觀念（discursive idea）：推知觀念是人藉著理性的智力而推論獲得的，如A＝B，B＝C，所以A＝C的觀念。

（二）由觀念所指示的對象分：

1.具體觀念（concrete idea）：觀念所指示的對象，是一各具體性事物。如：裕隆汽車、警大學生。

2.抽象觀念（abstract idea）：觀念所指示的是一個抽象性的事理。如人性（humanity）、獸性（animality）。

（三）由觀念的內容分：

1.清晰觀念（clear idea）：觀念的內涵元素，清晰的指示某事物。如：人是理性的動物，「理性動物」的觀念清晰的指示「人」。

2.含糊觀念（obscure idea）：觀念的內涵元素，不足以指明該事物。如：人是「無毛的兩足動物」，「無毛的動物」不足以指明是人。

四、十範疇（10 categories）

由觀念的內涵觀點，可找出表現萬物的十個最高級觀念。此類觀念是理智由具體諸事物中找出的共同性，亦名共相。

（一）自立體（substance）：凡不依附他物，可以自身獨立存在者。如一匹馬、一朵花。

（二）依附體（accidents）：凡必須依附別的事物而存在者。如：

1.量（quantity）：物體的外在元素。如：重量、延伸、數量、多少等。

2.質（quality）：物體的內在元素。如：好、壞、智慧、健康等。

3.關係（relation）：一事物對其他事物的關聯情況。如：師生、父子、相似、比較等情形。

4.空間（space）：乃在物體存在之位置。如：在教室內。

5.時間（time）：乃物體存在的早晚先後次序。如：今天、昨天、明天；指的過去、現在、未來。

6.裝備（habit）：一物被另一物修飾或限制。如：衣著、佩戴等。

7.姿態（posture）：物體在空間所表現的形狀。如：坐著、站著、臥著。

8.動作（action）：由潛能（potency）發出的具體行爲。如：打球之「打」。

9.被動（passion）：接受動作之行爲。如：挨打的「挨」。

以上自立體與依附體共有十範疇，是最高級的普遍觀念，由觀念的內涵最顯明的表示出來，故有人稱爲直接普遍觀念，即直接表現出對象的本性。

五、五謂詞（5 predicables）

就觀念的外言觀點——觀念適合個體的觀點——普遍觀念，指示外在的事物，有五種不同的情形，故稱之爲五謂詞，也名反省觀念。

直接觀念只是表現對象的本質本性，不需要與外界事物相關聯。反省觀念是指「觀念與外界對象的關聯情況」。

（一）種（species）：此普通觀念表現對象的全部本質。如：人是理性動物→「理性動物」是說明人的全部本質。

（二）類（genus）：此普遍觀念表現對象的部分本質。如：人是理性動物→「動物」是類觀念，只表現人的部分本質。

（三）種差（specific difference）：此普遍觀念表現對象的部分本質。如：人是理性動物，「理性」只表現人的部分本質。

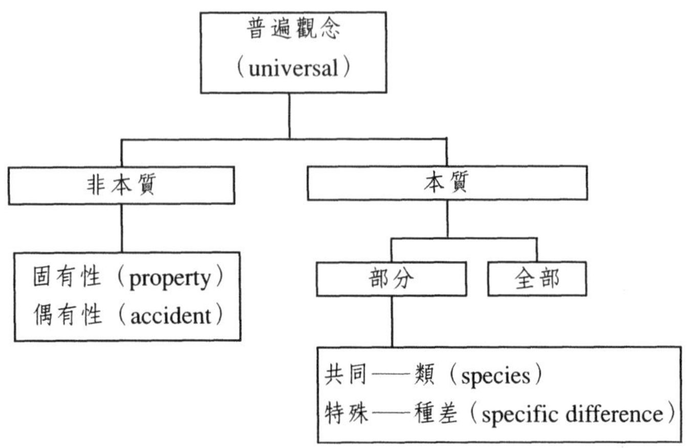

以上三種普遍觀念，是就對象的本質而言。

（四）固有性（property）：此普遍觀念指對象的性質，此種性質由對象的本質而來，而其本身不是本質。如：笑、說話，是由人的本質（理性動物）而來；但其本身不是本質，即啞巴與不會笑的人，乃是理性動物的人。

（五）偶有性（accident）：此普遍觀念指對象的某種性質，此性質非由對象的本質而來，其自身也不是本質，如：善跑、善唱是人的偶有性，此特性是隨著人的年齡而改變或消失；「善跑」、「善唱」不是由人的「理性動物」的本質而來，其本身更不是人的本質，善唱或不善唱不影響人是理性動物。

（四）與（五）是對象的非本質性共相。

以上五種普遍共相，能使人認識其對象所指的事物範圍，故亦名反省性的間接對象。

第二節　名詞

名詞（noun, term）：表現觀念的符號。

觀念被表達的方式有：手勢、事物、語言、文字。文字中爲首的基礎元素是名詞。

名詞分：

（一）虛意名詞（syncategorematic term）：此類詞單獨用時，不能代表一個完整的觀念。如：呢、嗎、所以、然而等。

（二）實意名詞（categorematic term）：單獨用時，指的是一個對象的完整觀念。如：牛、馬等。

（三）一義名詞（univocal term）：一個名詞有一個完整的指意，代表一個完整的觀念。如：「人」用在何時何處，皆是指理性動物。

（四）多義名詞（equivocal term）：一個名詞有兩個以上的指意，因時地之不同，而代表不同的觀念。如：「黃牛」便有兩個不同的指意，在田地間是指的動物黃牛，在電影院前便是指的零售電影票者，代表兩個不同種的生物。

（五）類比名詞（analogal term）：名詞應用到不同但相關的事物上，其指意是一部分相同，一部分不相同。如：腿，可用在人腿上，也可用在桌子腿上，就「腿」是站立支持者言，人腿與桌腿是相同的；但人腿是一個有生命之肢體，桌腿則是無生命之物體。其觀念之內涵本質不同。

類比名詞在應用的技術上又可分為：

1.比例類比（analogy of proportion）：一名詞就某點或某一部分言，可用在不同的事物上。如「頭」：人頭、桌頭、山頭、街頭等。

2.歸屬類比（analogy of attribution）：一名詞有其原義，但可以「借用」方式，應用到別種事物上，有相關的指意。如「健康」：原意是指人的身體，但可轉用在「心理健康」，以指示「正常人」的觀念。

第三節　定義

名詞的功用，是構成判斷，組成命題；但在講述判斷與命題以前，有與「觀念」、「名詞」相關連的兩個「技術性」的學題，略述如下：

一、定義（definition）

定義是就事物觀念的內涵，講述事物的句子。如：「人」的定義是「理性的動物」，「理性的動物」是一個命題句子，來講述「人」的。

也有的定義，由名詞的「字意」本身，便可以明白其觀念，懂得其指意，故定義可從兩方面講解：

（一）唯名定義（nominal definition）：就「字」的本形，便知其指意，如外文philos-sophia為「愛智」之意，即指哲學。中文的象形字「道」，即人在路中行，乃指的道。日與月是象形字，組合之，便是指的「光明」的明。

（二）實在定義（real definition）：就事物的本質，與非本質的普遍觀念之表記言，即五謂詞中的「類、種差、種」，與「特有性、偶有性」而言，又可分為：

1.本質定義（essential or quidditative definition）：就事物的本質，言明事物是什麼。如：犬是無理性的動物，此「無理性動物」是犬的本質要素，為「類觀念」加「種差」。

2.描述定義（descriptive definition）：就事物本質以外的表徵講述事物，換言之，就事物的「特有性」與「偶有性」講述事物。如：約翰甘迺迪，美國最年輕的總統，1963年11月22日，於Taxas州被刺殺身亡者。

研究定義時，該注意事項為：

（一）先有本質定義，即「類觀念」加「種差」。如：人是「理性」的「動物」。

（二）若本質定義不足表明對象事物，應再加特有性或偶有性的非本質定義，如：象是無理性的動物，鼻子最長。

（三）定義的被定端（definiendum）與定端（definiens）應相等。故定義應合適對象的範圍，不可太窄或太寬。如：人是有理性的黃皮膚動物，則太窄了；若說人是會死亡的動物，則太寬了；因為界端與被界端不能彼此復原。

（四）定義應是肯定式，不可用否定式，因為否定式無任何指意。如人不是狗，而沒有講明「人是什麼」。

（五）定義中的字應該清楚，不可用含糊不清的字。如：「差不多」、「可能」等字，用字該簡單易明白，不可以用怪字。

二、分類（division）

將一個整體分析成部分，便是分類。故分類有三要素：

（一）被分的主體：如人種。

（二）分得的部分：如黃色人、白色人、黑色人。

（三）分析的標準：如依膚色分。

分類可分兩種：

（一）實物區分（real division）：將一個實在具體的東西分成部分。如人可分頭部、軀幹和四肢。

（二）邏輯分類（logical division）：按觀念的外延部分分析。如三角形可分為直角、銳角、鈍角。

邏輯分類中有三種分法：

1.二分法：如自立體中分無形的和有形的→有形的又分無生命與有生命的→有生命的又分為無感覺與有感覺的→有感覺的又分為無理性的與有理性的。

2.三分法：三角形分直角、銳角、鈍角三種樣式。

3.多分法：如動植物分門別類為界、門、綱、目、科、屬、種。

「分類」應注意的事項：

（一）分類的標準，應首尾一致，不可於中間更換分類標準。如：人以膚色分黃人、白人、黑人；不可以再分文明人、野蠻人。

（二）分類應順序進行，由近及遠。如生物分植物、動物，然後再由動物分有理性與無理性。

（三）分類不可越級，也不可一個包含在另一個內。如：生物分「植物與樹木」便不可了，因樹木包含在植物內；或動物分陸居、水居、巢居易不可，因爲巢居包含在陸居以內。

（四）分類的部分之總合，該與全體相等，以免遺漏，或區分得不完全。

第二章
命題的組合

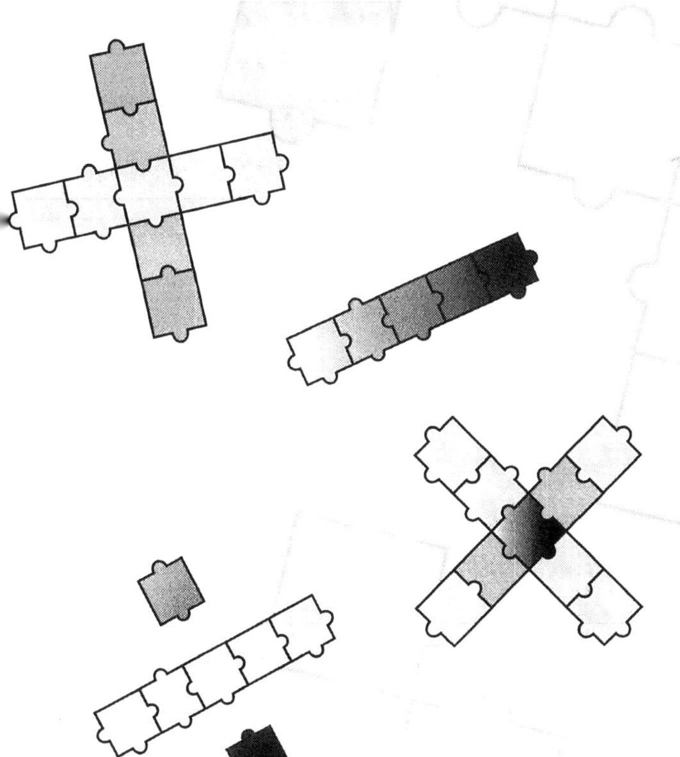

第一節　判斷與命題

觀念與觀念的關係：

一、判斷（judgement）

判斷是理智的行為，決定觀念間的相合或不相合。換言之，理智藉肯定結合兩觀念，或藉否定分離兩觀念。如：我是學生，你不是學生。

判斷有三元素：

（一）觀念：一為主詞觀念（subject-idea），一為述詞觀念（predicate-idea）。

（二）比較：理智的作用，審查兩觀念之內涵與外延及彼此的關係。

（三）判定：以肯定式「是」或否定式「不是」說明兩觀念之相合或相反。如：銅是金屬，木頭不是金屬。

所以判斷之眞僞，在於判斷與事實之相和或相反。

二、命題（proposition）

把理智內在的判斷，以語言或文字表現出來，便是命題，或稱句子。換言之，命題是以語言或文字，表達理智的內在判斷，說明兩觀念的相和或不相和。構成命題有三元素：

（一）主詞（subject）：乃主觀念，被稱謂之事物，即被肯定或否定之對象。如：金子是黃色的之「金子」。

（二）述詞（predicate）：是述觀念，稱謂之事物，即肯定或否定對象事物者。如：金子是黃色的之「黃色的」，乃肯定金子的顏色。

（三）繫詞（copula）：接連主詞與述詞的關係，即以「是」連接主詞與述詞，或以「不是」拆散主詞與述詞。如：銅是金屬，木頭不是金屬。

以上三元素，主詞與述詞，被稱為質料元素（material elements），繫詞被稱為形式元素（formal element）。

三、判斷與命題之區別

（一）語言或文字不同的命題，可以指向同一判斷。如：犬吠＝狗叫。

（二）判斷與命題可分開存在的。如：聽到一句命題而不知何意或何判斷。或者，理智內之判斷，不知該如何以命題表現出來。

（三）判斷是就理智內在的兩觀念構成的，命題是就語言或文字的外在符號構成的。

第二節　命題的分類

一、就形式（質）言

就形式（質）觀點分為：

（一）肯定命題（affirmative proposition）：以「是」連接主詞

與述詞的句子。如：人是動物。

肯定命題是述詞（predicate）的內涵完全適合於主詞（subject）。如：人是動物→動物的內涵是「物體、有生命的、有感覺的」等表徵完全適合於主體的人，因爲人也是一個「物體、有生命的、有感覺的」；而述詞的外延，則不是專指的人，而還有別的動物（$S^O \rightarrow P^U$）。

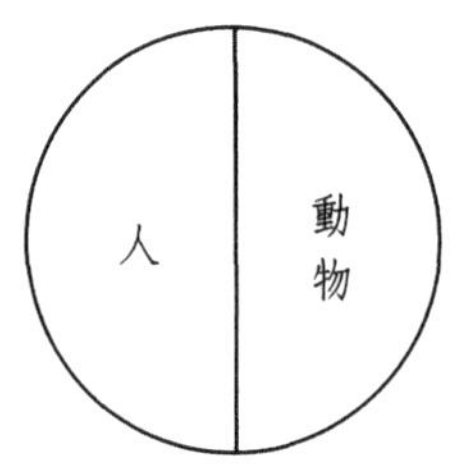

（二）否定命題（negative proposition）：以「不是」連接主詞與述詞的句子。如：馬不是狗。

否定命題是述詞的外延對象不指的主詞。如：馬不是狗；狗的外延對象是指洋狗、土狗、狼狗、北京狗、哈巴狗、獅子狗等，絕不是指任何馬；相同者，主詞「馬」的外延是指洋馬、阿拉伯馬、蒙古馬、桃花馬等，也沒有指狗的任何種隻；所以兩個詞語不能合二爲一的組成語句；雖然兩詞的內涵完全相同，都是物體、有生命的、有感覺的。

二、就質料（量）言

就質料（量）言，分爲全稱命題、特殊命題、單稱命題、不定命題。

就質料（量）觀點分（$S^{O} \longleftrightarrow P^{U}$）：

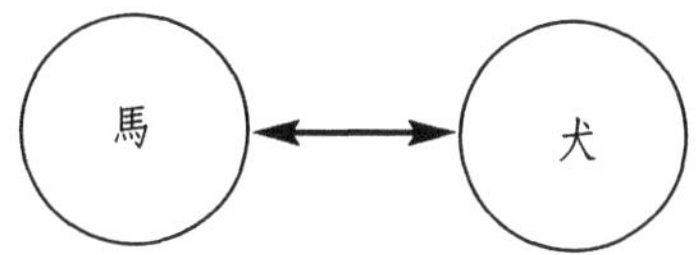

（一）全稱命題（universal proposition）：主詞是全稱名詞，以「所有、凡是、一切」等詞組成的「主詞」而構成的句子。如：「凡人」是有理性的，或「所有的犬」皆不是有理性。此種命題中的肯定句主詞或否定句主詞，其外延皆是普遍周延的（$S^{O} \rightarrow P^{U}$，$S^{O} \rightarrow P^{O}$）。

（二）特殊命題（particular proposition）：命題的主詞是特稱名詞，用「有些、部分、若干」等詞組成的主詞而構成的句子。如：有些青年是學生。此種命題的主詞在肯定句或否定句內，外延對象是部分的（$S^{U} \rightarrow P^{U}$）。

（三）單稱命題（singular proposition）：命題的主詞是單稱名詞，其外延對象只有一個。如：孔子是教育家。

（四）不定命題（indefinite proposition）：命題的主詞是一個不顯明的指定詞（$S \rightarrow P$）。如：孩子是頑皮的。

由以上命題之「形式」與「資料」（肯定命題、否定命題、全稱命題、特稱命題。）混合組織，可構成四大命題。

（一）全稱肯定命題：一切主詞是述詞。

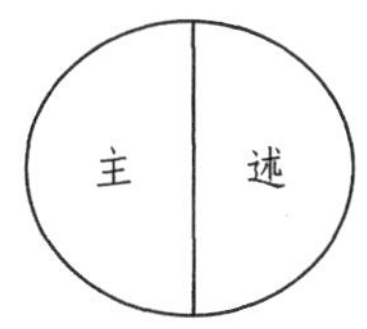

（二）特稱肯定命題：有些主詞是述詞。

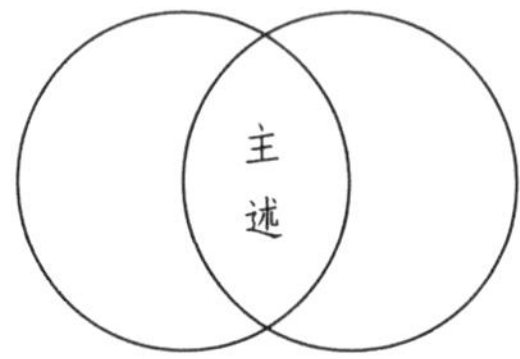

（三）全稱否定命題：一切主詞不是述詞。

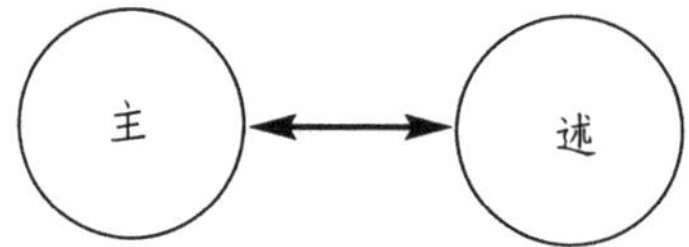

（四）特稱否定命題：有些主詞不是述詞。

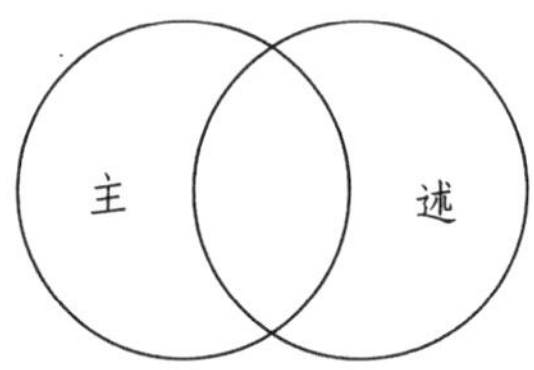

此四大命題構成句與句間的對當關係。

三、就語句組織的成分言

就語句組織的成分言，可分為：

（一）單純命題（simple proposition）：命題的結構中，只有一個主詞、一個述詞及一個繫詞。如：你是學生。

（二）複合命題（composite proposition）：命題的結構中，主詞或述詞是複合性的名詞。如：你是用功的學生、聰明的你是學生，或聰明的你是用功的好學生。

（三）集合命題（compound proposition）：由數個單純命題組合的語句。又分兩種：

1.顯然集合命題：由文字語句的表面便可以認出是集合命題，又分爲：

（1）連合命題（copulative proposition）：語句中間，主詞與主詞，或述詞與述詞之間用「也」、「及」、「和」等詞連結組成的句子。如：我和你是學生（S and S是P）；你喜愛哲學及藝術（S喜愛P and P）；我和你都喜愛讀書及運動（S and S喜歡P and P）。

（2）緣因命題（causal proposition）：語句之間用「因爲」、「爲了」等詞組成的句子。如：我最喜歡理則學，因爲它教給我思考的方法。

（3）轉類命題（adversative proposition）：兩個相反的語句，以「然而」、「但是」等詞連接的句子。如：他失敗了，然而不灰心；他雖然漂亮，但是沒有學問。

（4）相關命題（relative proposition）：語詞中間以「如同」、「這樣」連接成的語句。如：他如同你一樣健康。

2.隱然集合句：從形式看是單句，而內容是集合命題，又分爲：

（1）比較命題（comparative proposition）：一語句的主

詞或述詞，和另一句的主詞或述詞比較。如：金子比銀子貴重。以述詞與主詞相合或不相合之程度而分的。

(2) 排他命題（exclusive proposition）：以肯定或是否定的方式，來指明「主體」有該定限。中文以「唯」、「唯獨」、「只有」等詞組成的句子。如：他只有一科不及格（內含著別科皆及格）。

(3) 除外命題（exceptive proposition）：與上命題相似，而著重點不同，中文用「除非」、「除了」等詞組成的字句。如：除你以外，大家都及格。此命題之重點，在第二句之大家都及格。

(4) 重疊命題（reduplicative proposition）：是重複主詞或述詞，如：人所以是人，就該有理性。

四、假言命題（hypothetical proposition）

是集合性的句子及一命題之成立，依賴於另一命題之成立。分爲：

(一) 條件命題（conditional proposition）：命題的句首，以「如果」、「若是」、「假使」等詞組成的，其命題是由兩句聯合的，第一命題是第二命題存在的條件（condition），稱爲前件（antecedent）；第二命題是被限制者（conditioned），稱爲後件（consequence）；前件與後件有必然的聯繫關係。如：如果用功讀書，就能得到知識。前後件的關係共有四種情形：

1.前件與後件都是肯定句：如果有光亮，你就看得見。

2.前件與後件都是否定句：如果沒有光亮，你就看不見。

3.前件是肯定句，後件是否定句：如果你是瞎子，你就看不見。

4.前件是否定句，後件是肯定句：如果沒有光亮，便是黑暗。

（二）選言命題（disjunctive proposition）：兩個對立的命題，用「或者」、「不然」等詞組合的。此命題之內涵部分不能同時成立。如：你或是動或是靜、你該上課，不然就不能考試。

（三）結合命題（conjunctive proposition）：與上句相同，而分別點是以「不能同時」連接兩個反對的對立句子。如：你不能同時吃飯和睡覺。

五、形態命題（model proposition）

依述詞與主詞的關係之強弱分為：

（一）必然命題（necessary proposition）：述詞與主詞之間有必然的確定性。如：三角形內角之和必然是一百八十度。

（二）蓋然命題（problematic proposition）：述詞與主詞之間只有蓋然的關係性。如：李君大概有病。

（三）可能命題（possible proposition）：述詞可能合於主詞。如：你可能將是偉人。

（四）不可能命題（impossible proposition）：述詞不可能適合於主詞。如：你不可能成為音樂家。

第三節　命題對當

命題與命題之間，能發生四種情形：對當（opposition）、換質（equipollence）、換位（conversion）、直接推論（immediate inference）。

一、對當

邏輯對當是命題與命題相對立，有相同的主詞與述詞，而命題的形式與質料有差別。共有四種：全反對當命題（contrary opposition）、偏反對當命題（subcontrary opposition）、差等對當命題（subaltern opposition）、矛盾對當命題（contradictory opposition）。細分如下：

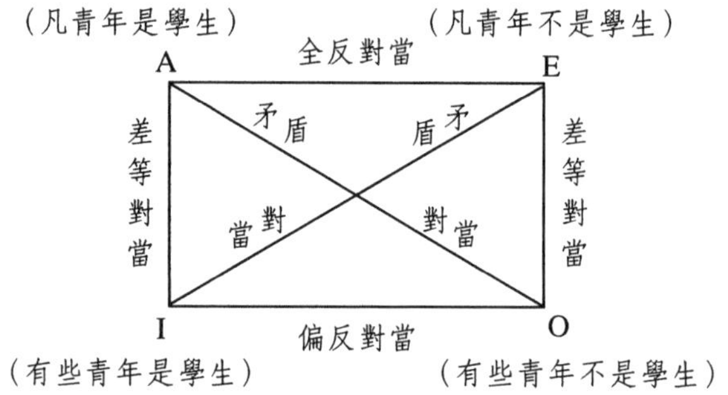

（一）全反對當命題（contiary opposition）

兩個相對立的命題，其質料相同（全稱），其形式相異（肯定←→否定），如：A←→E、凡青年是學生←→凡青年不是學生。

其規律：兩個全反的對當命題不能皆眞，但能皆假。故一個命題眞時，另一個命題必假；一個命題假時，一個命題可眞可假而不定。如：

凡貓是動物（眞）←→凡貓不是動物（假）

凡花是白色（假）←→凡花不是白色的（假）｝不定
凡貓是狗（假）←→凡貓不是狗（眞）｝不定

（二）偏反對當命題（subcontrary opposition）：

兩個相對當的命題，其質料相同（特稱），其形式相異（肯定←→否定）。如：I←→O、有些青年是學生←→有些青年不是學生。

其規律：I與O兩個偏反對當命題，能夠同時皆眞，但不能同時皆假；故一命題假時，另一命題必眞，一命題眞時另一個命題不定，可眞可假。如：

同時皆眞：有些花是紅色的（眞）←→有些花不是紅色的（眞）

一假一眞：有些狗會講話（假）←→有些狗不會講話（眞）

一眞一不定：有些男人不是女人（眞）←→有些男人是女人（假）

有些動物有四隻足（眞）←→有些動物沒有四隻足（眞）

（三）差等對當命題（subaltern opposition）

兩個相對立的命題，其形式相同，（肯定←→否定；否定←→肯定）；其質料相異（全稱特稱：A←→I，E←→O），如：凡青年是學生←→有些青年是學生、凡青年不是學生←→有些青年不是學生。

其規律：A←→I，E←→O，兩差等相對當命題，能夠同時皆眞，同時皆假，也可以一眞一假；故全稱眞時，特稱亦眞；全稱假時，特稱不定；特稱眞時，全稱不定，特稱假時，全稱也假。如：

全稱眞時特稱亦眞：

凡馬是動物（眞）←→有些馬是動物（眞）

全稱假時特稱不定：

凡花是紅色的（假）←→有些花是紅色的（眞）

凡貓是狗（假）←→有些貓不是狗（假）

特稱眞時全稱不定：

有些花是紅色的（眞）←→凡花是紅色的（假）

有些貓是動物（眞）←→凡貓是動物（眞）

特稱假，全稱亦假：

有些狗會講話（假）←→有些狗不會講話（眞）

（四）矛盾相對命題（contradictory opposition）

兩個相對立的命題，其形式與質料皆相異，如：A←→O，E←→I，如：凡青年是學生←→有些青年不是學生；凡青年不是學生←→有些青年是學生。

其規律：兩個互相矛盾的對當命題，不能同眞，也不能皆假；故知一個命題眞時，另一個命題必假；一個命題假時，另一命題必眞。如：

全眞特假：

凡人是理智動物（眞）←→有些人不是理智動物（假）

全假特眞：

凡人是學生（假）⟷有些人不是學生（眞）

反之，「特眞全假，特假全眞」亦然，例題如上。

二、換質（equipollence）

換質，命題的形式改變，其意義相同（equipollence 有相同均等之意，即命題改變後，與原命題仍有相同之意義）。其方法：

（一）改變命題的繫詞，原命題的「是」改爲「不是」，「不是」改爲「是」。

（二）命題的主詞不加改變，仍以原命題的主詞爲主詞。

（三）命題的述詞改爲否定樣式。如：

凡狗是動物⟷凡狗不是非動物

樹木不是金屬⟷樹木是非金屬

此種換質，只能A⟷E，I⟷O相互換。

三、換位（conversion）

換位，將命題的主詞與述詞相調換位置，其形式不變；即命題的主詞改爲述詞，述詞改爲主詞；其形式是肯定句者，仍爲肯定命題；是否定句者，就是否定命題。如：

狗不是貓⟷貓不是狗

人是理性動物⟷理性動物是人

此種變換，應注意命題的主詞及述詞之外延性，其詞端在原命題中是周延的，仍爲周延；是不周延的，仍爲不周延。細分兩種類：

（一）單純換位（simple conversion）：亦名簡單換位法，命題的主詞與述詞相對調，其形式不變，如全稱否定句，特稱肯定句。

凡男人不是女人⟷凡女人不是男人

有些學生是青年⟷有些青年是學生

全稱否定句的主詞與述詞之外延皆是周延的，男人的外延中沒有女人，女人的外延中沒有男人。男⟷女

特稱肯定句的主詞與述詞的外延皆不是周延的，學生的外延中有部分青年，青年的外延中也有部分學生，外延相等，故可相調換。

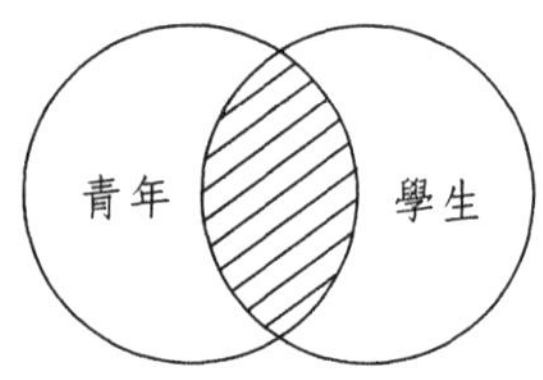

（二）限制換位（accidental conversion）

命題之主詞與述詞外延不同，換時應注意主詞與述詞的周延性（其形式不變）。如：

全稱肯定句：凡人是動物→有些動物是人。此肯定句中的主詞「凡人」是全稱詞端，其外延指一種的人：其述詞「動物」是部分性詞端，其實意是指人是動物的一種，而非所有動物皆是人，故換位時，應在「述詞」，詞端上冠上一特稱形容詞，而稱爲特稱命題，爲：有些動物是人。

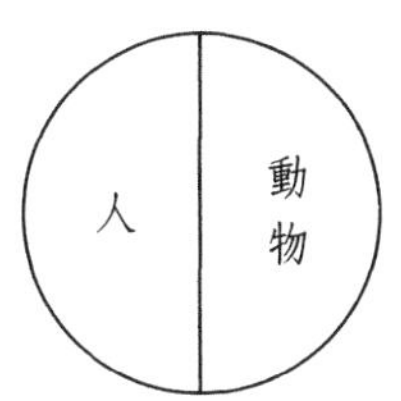

特稱否定句不能有正式的換位。如：

有些書不是哲學課本→有些哲學課本不是書（╳）

因爲特稱否定句的「主詞」是部分性，換位後改爲述詞，便是周延的了，故不能換位。

第四節　三段論證

命題與命題之間，可以形成推論。推論理論中，第一個爲直接推論，即借用原命題的主詞與述詞，和肯定與否定之形式變化，而產生新的判斷命題。如：

沒有人是全知的→直接推論出：凡全知的不是人。

一、三段論證

（一）三段論證（syllogism）：三段論證亦名三段論證法，是亞里士多德理則學的推理論證法，由三個命題組成，三個命題的前兩個命題稱爲前提（premisses），第三個命題稱爲結論（conclusion）；結論與前提有歸結性（consequence）連貫關係。換言之，結論是由前提推論的自然結果。

如：金屬是傳電的（大前提），銅是金屬（小前提），銅是傳電的（結論）。

（二）三段論證的內涵基礎：是三個詞（terms），即大詞、小詞、中詞。大小兩詞端分別在大小兩前提中出現，與中詞各結合一次，組成命題；然後捨棄中詞，大小詞在結論內，以肯定或否定的方式，形成第三結論式的命題。

如：

大前提：凡人是理性的。

小前提：張三是人。

結　論：張三是有理性的。

論證中的「張三」是大詞，「人」是中詞，「有理性的」是小詞。

二、三段論證所採用的基本原則

（一）同一律（principle of identity）：兩物分別與第三物相同，彼此也相同。A＝C，B＝C，所以A＝B。

（二）相反律（principle of contrary）：兩物與第三物，一物與之相同，一物與之相異，則兩物彼此不相同。如：A＝C，B≠C，所以A≠B。

（三）肯定律（dictum de omni）：肯定全體，也肯定全體中的每一分子。如：凡人有理性，張三是人，張三有理性。

（四）否定律（dictum de nullo）：否定全體，也否定全體中的每一分子。如：凡走獸不會講話，狼是走獸，狼不會講話。

三、三段論證的八條規律

（一）三段論證中限用的名詞只有三個：大詞、中詞、小詞。如：凡人是動物，張三是凡人，張三是動物。三個詞是：張三、動物、人。

此規則應注意「多義名詞」與「相同觀念名詞」，多義名詞，由名詞看是三個詞端，而實質是四個名詞。如：凡有腿的可行走，桌子有腿，故桌子可行走；此三段論證中「腿」是類比名詞。再者：凡孤兒是可憐的，寶寶的父母雙亡，故寶寶是可憐的；此三段命題中的「孤兒」與「父母雙亡」是同義詞，由名詞樣式看是四個，而實質上則是三個詞端。

（二）前提內不周延的名詞，不得在結論中變爲周延。如：凡貓是動物，凡狗不是貓，故凡狗不是動物。此三段論中，第一命題的述詞「動物」不是周延的，在該命題中，只是指的部分主體──貓；然而結論中的「動物」是周延的，因爲否定式的述詞之外延皆是周延的，故此推論是錯誤的。

（三）中詞是介紹詞，不能放在結論之內。若把中詞放入結論內，便是綜合詞句，而非推論了。如：凡人是理性的，張三是人，張三是有理性的人。

（四）中詞至少一次該是全稱的，若中詞皆是部分的，則無法有媒介作用，或得一錯的結論了。如：你哥哥是人，我是人，我是你哥哥。──此三段命題，實際上等於四個獨立之詞，不該有結論。

（五）兩個肯定的命題，不能產生否定的結果。否則，推論錯誤。如：凡動物有生命，貓是動物，貓沒有生命→此推論之結論必錯；因兩提肯定句之結論是「貓有生命」。

（六）兩個否定的前提，不能夠獲得結論。如：凡人不是牛，張三不是牛，張三不是人。在此三段論證上，大小前提皆是否定句，而中詞「牛」，無法使大詞與小詞有連帶關係。

在此三段推論中，中間詞是特稱的，無法有連帶關係，故中詞至少一次是全稱的。

（七）兩個前提皆是特稱的，不能得結論。如：有些馬是白馬，有些馬是黑馬，有些白馬是黑馬。

（八）三段論的結論，該隨較弱的前提。即：A＝C，B≠C，所以A≠B。

1.兩前提一是肯定式，一是否定式，結論該是否定式。

如：凡植物不是動物，牛是動物，牛不是植物。此命題之原因是大前提之主詞，不在中詞之外延內，故無關係。

2.兩前提一是全稱句，一是特稱句，其結論該是特稱句。

如：凡人皆有理性，有些動物是人，有些動物是有理性。此種推論，正是演繹法的由全體到部分之聯繫關係。

四、三段論證的樣式

依照三段論的八條規則，命題中能組成三段論證者，只有下列八種樣式：

A A A A E E I O
A E I O A I A A
———————————
A E I O E O I O

五、三段論證的格式

三段論證的格式，是依中詞（M）在大小前提中所占的位置而決定，共分四種：

M P	P M	M P	P M
S M	S M	M S	M S
———	———	———	———
S P	S P	S P	S P

（一）第一種格式：

M P
S M
———
S P

中詞在大前提是主詞，在小前提是述詞。如：

凡中國人都是黃種人。

凡臺北人都是中國人。

凡臺北人都是黃種人。

規律：此種格式的大前提，該是全稱句，小前提該是肯定句。

適合第一格式的樣式有：

$$\begin{array}{cccc} A & A & E & E \\ A & I & A & I \\ \hline A & I & E & O \end{array}$$

（二）第二種格式：

$$\begin{array}{cc} P & M \\ S & M \\ \hline S & P \end{array}$$

中詞在大前提是述詞，在小前提也是述詞。如：

凡鐵是金屬。

凡樹木不是金屬。

凡樹木不是鐵。

規律：大前提該是全稱命題，前提之一該是否定命題。

適合第二格式的樣式者有：

$$\begin{array}{cccc} A & A & E & E \\ E & O & A & I \\ \hline E & O & E & O \end{array}$$

（三）第三種格式：

$$\begin{array}{cc} M & P \\ M & S \\ \hline S & P \end{array}$$

中詞在大前提是主詞，在小前提也是主詞。如：

凡學者都是好學的。

有些學者是青年。

有些青年是好學的。

規律：小前提該是肯定命題，結論該是特稱命題。

適合第三格式的樣式者有：

A	E	I	O
I	I	A	A
I	O	I	O

（四）第四種格式：

P	M
M	S
S	P

中詞在大前提是述詞，在小前提是主詞。如：

凡中國人是亞洲人。

凡亞洲人不是黑種人。

凡黑種人不是中國人 。

規律：如大前提爲肯定句，小前提當爲全稱句。

如小前提爲肯定句，結論該爲特稱句。

如前提之一爲否定句，大前提該爲全稱句。

適合於第四格式的樣式者有：

A	A	E	E	I
A	E	A	I	A
I	E	O	O	O

六、簡繁三段論證

（一）省略三段論（enthymeme）：缺少大前提、小前提或結論之三段推論，如：

1.吸菸是毛病，吸菸是不好的。缺少大前提：「凡毛病是不好的」。

2.凡學生怕考試，你怕考試。 缺少小前提：「你是學生」。

3.若有人借錢，回答說：「我沒有錢」。缺少大前提：「凡有錢者可以出借」，也缺少結論「我不能借錢給你」。

（二）複合三段論（polysyllogism）：此種論證由兩個以上的三段論組合而成；其結構是前一個三段論證的結論，是後一個三段論證的前提。如：凡四足獸是動物，狗是四足獸，狗是動物；→「狗是動物」，凡動物是生物，狗是生物；→「狗是生物」，凡生物是自立體，狗是自立體。

此連續複合三段論證中，「狗是動物」與「狗是生物」，皆是兩份地位，在第一、三段論爲結論，第二、三段論便是前提。

其結構形式：

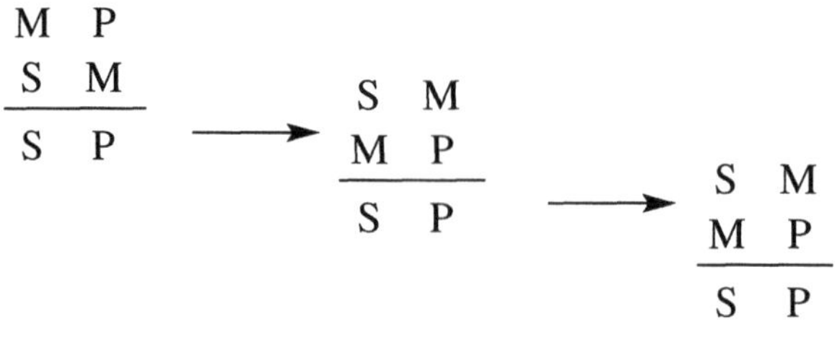

M P
S M
―――
S P

→

S M
M P
―――
S P

→

S M
M P
―――
S P

（三）連鎖三段論證（sorites）：是重複連接式的三段複合論證。即：第一前提的述詞，是第二前提的主詞，其結論是第一命題的主詞與最後命題的述詞相組合。如：

A＝B，古之欲明明德於天下者，必先治其國；

B＝C，欲治其國者，必先齊其家；

C＝D，欲齊其家者，必先修其身；

D＝E，欲修其身者，必先正其心；

E＝F，欲正其心者，必先誠其意；

F＝G，欲誠其意者，必先致其知；

G＝H，致知在格物（欲致其知者，必先格其物）；

故A＝H，古之欲明明德於天下者，必先格其物。

七、假言三段論證

三段之大前提是假言命題，共分為：條件推論、選言推論、結合推論、兩難推論。講述如下：

（一）條件推論（conditional syllogism）：以條件命題為大前提，而組成的三段論證分兩種：建成式、破壞式。詳述如下：

1.建成式（constructive mood），其結構：大前提是完整的條件命題，含有「如果……則就」的前後項句子。

小前提承認大前提的前項（即條件），結論必承認大前提的後項。如：

如果他有癌症，他的病是嚴重的。

他有癌症。

他的病是嚴重的。

其符號架式：

（1）假使是A，則是B；是A，故是B。

$A \cup B$，$A \therefore B$

（2）假使是A，則不是B；是A，故不是B。

$A \cup \overline{B}$，$A \therefore \overline{B}$

（3）假使不是A，則是B；不是A，故是B。

$\overline{A} \cup B$，$\overline{A} \therefore B$

（4）假使不是A，則不是B；不是A，故不是B。

$\overline{A} \cup \overline{B}$，$\overline{A} \therefore \overline{B}$

2.破壞式（destructive mood），其結構：大前提是完整的條件命題，含有「如果……則，就」的前後項句子。小前提是否認後項（被限制），結論是否定前項。如：

如果老師有重病，就不來上課。

老師來上課。

老師沒有重病。

其符號架構：

（1）假使是A，則是B； 不是B，故不是A。

$A \cup B$，$\overline{B} \therefore \overline{A}$

（2）假使是A ，則不是B；是B，故不是A。

$A \cup \overline{B}$，$B \therefore \overline{A}$

（3）假使不是A，則是B；不是B，故是A。

$\overline{A} \cup B$，$\overline{B} \therefore A$

（4）假使不是A，則不是B；是B，故是A。

$\overline{A} \cup \overline{B}$，B ∴ A

3.條件推論的基礎，是建立在前件與後件的關係上，前項與後項有三種基本關係。

（1）前件是後件的充足條件。

（2）前件是後件的必須條件。

（3）前件是後件的充足及必須條件。

細分如下：

（1）前件是後件的充足條件（sufficient condition）：

若有X，則有Y；若無X，則可有或可無Y；X是Y的充足條件。簡言之，有之必然，無之未必然。如：

如果我乘汽車往臺北，便會到達臺北；若我不乘汽車，未必不能到達臺北。因爲若我不乘汽車，我可能步行，或乘摩托車到達臺北，故乘汽車是我們到達臺北的充足條件。

（2）前件是後件的必須條件（necessary condition）：

若有X，不一定有Y，換言之，可有或可無Y；若無X，則無Y；X是Y的必須條件。簡言之，有之未必然，無之必不然。如：

玫瑰若有苞，此苞開花，不一定是紅色的；
玫瑰若無苞，則一定不能有紅色的玫瑰花；
玫瑰花苞與紅色的玫瑰花是必須條件。

（3）前件是後件的充足及必須條件（sufficient and necessary condition）：

若有X，則必有Y；若無X，則無Y；

X是Y的充足而必須條件。簡言之，有之必然，無之必不然。如：

如果我去照相，相片中會出現我。

如果我不去照相，相片中一定不會出現我。

則我是相片中的我的充足及必須條件。

（二）選言推論（disjunctibe syllogism）：選言推論是以選言命題組成的推論式。其結構：選言命題內，大前提的述詞有兩項或數項，以「或」分開各述詞；小前提是承認一項，或否認一項，結論是否認其他項，或承認其他項。如：

大前提：你或是靜或是動

小前提：你是靜　　　或者　｛你或是靜或是動／你不是靜／你是動｝

結　論：你不動

此種論證式，應注意大前提的述詞之對立與完整性，細分之，有兩種方式，即：

1.建廢式（moodus ponendo tollens）：大前提是選言命題，小前提是承認大前提之一，結論是否認大前提之其他項，如：

大前提：水銀是固體、氣體、液體。

小前提：水銀是液體（建）。

結　論：水銀不是固體或氣體（廢）。

2.廢建廢式（modus tollendi ponens）：大前提是選言命題，小前提是否認大前提之一，結論是承認大前提之其他項如：

大前提：你是男生或是女生。

小前提：你不是女生（廢）。

結　論：你是男生（建）。

其符號架式：

$$\begin{array}{l} P \cup q \\ \underline{\overline{q}\qquad\quad} \\ P \end{array}$$

（三）結合推論（Conjunctive Syllogism）：結合推論是以結合命題組成的推論式。其結構：大前提應爲否定式命題，小前提應爲肯定式命題（建），結論則爲否定式命題（廢）。故結合推論只有建廢式（沒有建廢式）。如：

大前提：你不能同時又吃飯又睡覺。

小前提：你在睡覺。

結　論：你不在吃飯。

$$\begin{array}{l} \overline{P} \cup \overline{q} \\ \underline{q\qquad\quad} \\ \overline{P} \end{array}$$

其符號架式：

或：你不能同時又哭又笑。

　　你在哭。

　　你不在笑。

其符號架式：

$$\begin{array}{l} \overline{P} \ \cup \ \overline{q} \\ P \\ \hline P \end{array}$$

（四）兩難推論（Dilemma）：是選言命題與條件命題聯合運用的推論式。其結構：第一命題之大前提爲選言命題式，小前提爲第二第三之條件命題，結論是兩個條件命題的被限制句。如：

大前提：你結婚或不結婚。

小前提：如果你結婚，你有家庭之累。

　　　　如果你不結婚，你有孤獨之苦。

結　論：你或有家庭之累，或有孤獨之苦。

其符號架式：

$$\begin{array}{l} P \ \cup \ q \\ P \quad\quad r \\ q \quad\quad r \\ \hline r \end{array}$$

也有的書中，以條件命題爲大前提，以選言命題爲小前提，其形式如下：

大前提：如果你結婚，你有家庭之累。

　　　　如果你不結婚，你有孤獨之苦。

小前提：你結婚或不結婚。

結　論：你或有家庭之累，或有孤獨之苦。

其符號架式：

$$\begin{array}{l} P \supset r \\ q \supset r \\ P \cup q \\ \hline r \end{array}$$

兩難式的形式很多，其基本形式分四種：

1.簡單肯定前提的兩難式（亦名建設式的兩難式）（simplex constructive dilemma），如：

如果天氣熱，則使人難受。

如果天氣冷，則使人難受。

天氣無論熱或冷都使人難受。

其架式：

$$\begin{array}{r} P \supset r \\ q \supset r \\ P \cup q \\ \hline r \end{array}$$

2.簡單否定後件的兩難式（亦名破壞式）（simplex destructive dilemma），如：

如果你被開除學籍，或因功課不好，或因品性不好；

你功課也好，品性也好；你不能被開除學籍。

其架式：

$$\begin{array}{l} r \supset (P \cup q) \\ \overline{P} \cup \overline{q} \\ \hline r \end{array}$$

3.複合肯定前件的兩難式（complex constructive dilemma），如：

你故意犯校規，則是壞學生，你不故意犯校規，則是笨學生；

你故意犯校規或不故意犯校規；你是壞學生或是笨學生。

其架式：

$$\begin{array}{l} P \supset r \\ q \supset S \\ P \cup q \\ \hline r \cup S \end{array}$$

4.複合破壞後件的兩難式（complex destructive dilemma），如：

如果你有惻隱之心，做愛人之事，如果你有羞惡之心，做端莊之事；你所作之事是害人或無恥；你無惻隱之心，或無羞惡之心。

其架式：

$$\begin{array}{l} P \supset r \\ q \supset S \\ (r \cup s) \\ \hline (P \cup q) \end{array}$$

其符號：如果

兩難式的推論，起始於希臘早期的辯士Protogoras，利用辯論語句的技巧，而疏忽了眞理的全面性；其錯處，兩難式推論中所採取的條件句，其前件不是後件的充分條件，只是採取了條件句的部分關係。再者，選言命題也不是互不相容共同窮盡式的，換言之，選言句也只採取了部分性之對當。如最初兩個例子，皆可從另一方面反駁之。

如：你結婚，你有家庭之累；你不結婚，你有孤獨之苦；你結婚或不結婚，皆無快樂（家庭之累，孤獨之苦）。此例變形成了：前件不是後件的充足條件，只是部分性。

【例一】若你結婚，你有家庭之樂。
若你不結婚，你有自由之樂。 }（大前提）
你結婚或不結婚──（小前提）
你有家庭之樂或自由之樂（結論）。

【例二】如果天氣熱，使人難受；如果天氣冷，使人難受；天氣熱或冷；皆使人難受。此例的大前提之條件，不是「互不相容，共同窮盡的」。因此天氣除了熱或冷之外，還有「溫」，若天氣溫和，便使人愉快了。──故兩難推論式只是語言技巧，而非追求眞理的眞正方法。

第三章
邏輯方法論

第一節　演繹法

第二節　歸納法

第三節　類比法

第四節　辯證法

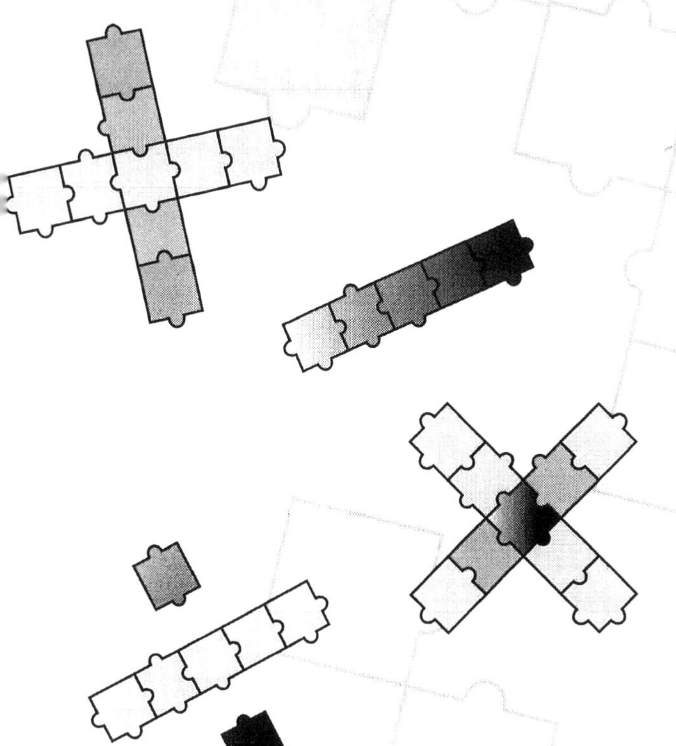

邏輯的工具類別（方法論）很多，僅就其常用而重要者概述於後。至於各工具之理論與運用，本章將詳細討論。

一、演繹法

又曰演繹推理，是由普遍道理而推知特殊道理的推理工具。所謂「普遍道理」是一類事物的道理，「特殊道理」是某一事物特有的道理。在推理程序上，可以說是把舊有的一般道理，應用在新的個別事例上。也可以說是抽繹普遍道理所含之義，而就特殊事物合理的加以推斷，獲得較爲符合事實的結論。從這段的分析，顯示演繹法的特色如下：

（一）演繹法的功能是分析。

（二）演繹法的結論與根據具有客觀性。

（三）演繹法的結論與經驗並不一定完全相符合。

（四）演繹法的結論不是超越根據範圍以外的新知識。

（五）演繹法的結論是必然的。

二、歸納法

又曰歸納推理。是由特殊事實，以推知普遍道理的推理工具。所謂「特殊」與「普遍」是相對的，不是絕對的。其認定的方法是：凡涉及事物範圍較狹的稱爲特殊，涉及事物範圍較廣的稱爲普遍。同時「特殊」有時係指事物的少數，有時係指事物的個體。歸納推理的程序，是就許多特殊事物，尋繹其中所含蘊之理，以歸納出一個普遍的道理來。也就是說若干事物之個體如此，或若干事物的小類如此，從而推定各該事物所屬之大類或全類也必如此。換言之，就是根據部分既知事物之如此，以推定事物之全部亦必如此。這種推理是造成新概念及新理論的主要途徑，其特色如下：

（一）歸納法的功能是綜合的。

（二）歸納法的結論是依據部分經驗建立的。

（三）歸納法的結論是普遍性的原則或原理。

（四）歸納法的結論是新知識。

（五）歸納法的結論是蓋然性的。

三、類比法

又曰類比推理。是由此一特殊事物以推知別個特殊事物的推理工具。所謂「類比」是從兩個事物間，發現是一種、數種或多種類似之點，而加以比較。遂由此一事物是「真」，是「假」或「如此」，藉以推知彼一事物也是「真」，是「假」或是「如此」。由於它是由特殊推知特殊，所以並不同於演繹法在運用「普遍原理」，更不同於歸納法在創造「普遍原理」，類比法僅是特殊與特殊之間關係。其特色如下：

（一）類比法的功能是找出類似之點。

（二）類比法的結論是依據部分經驗建立的。

（三）類比法的根據是客觀性的。

（四）類比法的結論是新知識。

（五）類比法的結論是蓋然性的。

四、辯證法

又曰唯心辯證法，以便有別於共產黨的唯物辯證法。由於德國哲學家黑格爾集其辯證法之大成，並著有理論專集，故又曰「黑格爾辯證法」。又因辯證法的價值必須建立在「變動」的基礎，否則是毫無意義的，所以又叫作「動的理則」（指與形式的靜的理則相對而言）。黑格爾辯證法，是以思想為出發點，以絕對精神為其最高階段。所謂「絕對」不是實在，而是運動，而是過程，而是開展。「開展」的法則與目標，並不是從外面打入的，而是內含在開展裡面的絕對本身。黑格爾是唯心論者，他認為支配人類的精神與無意識的自然法則是「理則」；而事物所達到的目標，也是理性，不過是自意識的理性。因此，黑格爾認為「絕對」就是「理性」，兩者意義相同。其思辨的過程分為三個階段：

第一階段：是由抽象的、空泛的產生，這個概念是「正」。

第二階段：是由抽象的、空泛的概念，逐漸進展到複雜的、具體的概念，這種概念是「反」。

第三階段：在「正」、「反」兩個概念形成之後，思想經過種種調和與統一，然後構成一個絕對概念，這個概念，就是「合」。

黑格爾認為，「正反合」不變的順序下，不只一次的一遍又一遍的「正反合」下去，直到「絕對理念」為止。究其特色如下：

（一）辯證法的價值必須建立在「變動」的基礎上。

（二）辯證法是唯心的（黑格爾辯證法而言）。

（三）辯證法的最高階層是「絕對理念」。

（四）辯證法的思辨過程是「正反合」。

（五）辯證法的功能在校正。

為區別歸納法，演繹法、類比法、辯證法四大理則工具之不同，茲就同一事例，用不同的方法，表示出來，以資比較區別：

【歸納法】

湯武革命…………成功了

英國革命…………成功了

美國革命…………成功了

韓國革命…………成功了

新加坡革命………成功了

湯武、英國、美國、韓國、新加坡等國革命是順乎天理、應乎人情、適乎世界潮流的。

∴ 凡順乎天理、應乎人情、適乎世界潮流的革命是成功的。

【演繹法】

凡順乎天理、應乎人情、適乎世界潮流的革命是成功的。

辛亥革命是順乎天理、應乎人情、適乎世界潮流的。

∴ 辛亥革命是成功的。

【類比法】

湯武革命是順乎天理的、應乎人情的、適乎世界潮流的，成功了。

辛亥革命是順乎天理的、應乎人情的、適乎世界潮流的。

∴ 辛亥革命也是會成功的。

【辯證法】

由「正」：民主、自由、人權乃普世價值。

推至「反」：大陸「六四天安門事件」乃共黨專政，是違反民主自由人權之普世價值。

進得「合」：中共應該棄共黨專政，取向民主自由人權之普世價值。

第一節　演繹法

演繹法的意義，在前面已經說過，是由普通推知特殊，是概念的運用。同時由於演繹法的結論是必然性的，又是從大前提中分析出來的，所以就其結論來說：「演繹法是必然性的分析推理」。演繹法的類別如下：

（一）對當

（二）轉換

（三）定言三段論式

（四）假言三段論式

（五）選言三段論式

（六）兩難三段論式

演繹法的價值：培根的歸納法問世以後，頗受科學家的重視，同時對過去用之有年的演繹法價值問題，引起了一番爭論，甚至於有的哲學家還猛烈的抨擊演繹法，諸如：

英國的哲學家彌勒（John Stuart Mill）在其所著的《名學》中，認爲演繹法的功效僅在於複驗已知的公理而已，意思是說演繹法的功用不大。

英國哲學家羅素（Bentranb Russell）認為演繹法是根據假定而推論的。意思是說，大前提即為假定，其結論的價值就可疑了。

法國哲學家笛卡兒（R. Descartes）認為演繹法的結論既已包括在大前提之中，何必多此一舉，簡直是徒尙空談而已。

雖然演繹法被這些哲學家無情的抨擊，但事實上並非如此，演繹法確有其價值的存在，否則從亞里士多德將其系統建立起來，迄今兩千多年，何以一直被思想界奉為圭臬，譽為傳統邏輯呢？進一步說明演繹的價值如下：

演繹法使特殊事實顯明：演繹法的大前提雖然包含著結論，但是往往隱藏不露。不經由演繹法的推理，大前提不能與事實相結合，致使形而上歸形而上，形而下歸形而下，概念與事實分離，難以有實用的價值。演繹法能使特殊事實顯明，對理論的實用提供了貢獻。

演繹法使結論具備必然性：演繹法的前提並非是羅素所說是假設的，而是「普遍概念」。果眞大前提為假設，其結論當然不具有必然性，演繹法的特色即被否定了。其實不然，如「凡人是有死的」這個大前提，乃是表示按人的本性來說是必然有死的，並不是一定等到所有人都死光了才能說「凡人都是有死的」一語，才是對的。既然大前提是必然的，得的結論亦是必然的，這是演繹法的貢獻。

演繹法賦與結論可靠性：演繹法的結論是經過小前提適切的媒介作用，才從大前提中分析出來的，足見循規蹈矩，言之有物，賦與了結論可靠性。有了可靠性，演繹法才有價值，絕非如笛卡兒所說徒尙空談，多此一舉了。這是演繹法又一貢獻。

演繹法既能使結論顯明，使觀念與事實相結合，又能使結論具必然性，並賦與結論可靠性，其價值之大，可想而知。所以本文也必須要加以研究，理由在此。

不過基於「思想方法」與「邏輯」兩項課程有所區別起見，邏輯學闡釋這一部分，僅就其重要理論加以概述，並將其重點擺在實際運用部分，以資學者能學以致用，不會爲形而上的各種概念所困擾（有關演繹法實際運用請參閱第二章第三、四節）。

第二節 歸納法

歸納法的意義，在前面業已說明，是由特殊事實以推知普遍原理的，與演繹法不同。演繹法是概念的運用，而歸納法則是概念的形成。有了歸納法以創造普遍概念，然後演繹法才據此而加以運用。也就是基於這一點，歸納學者揚稱歸納法的重要性大於任何一種思想方法的工具。其實演繹法與歸納法在人類的思想創造歷程中，是相互爲用，不可分離的，而其重要性也是不分軒輊的。歸納法的類別如下圖：

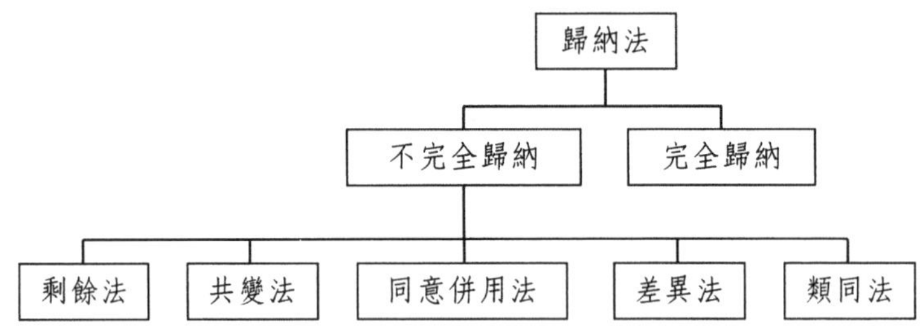

請注意的是：這裡所說的普遍與特殊，是指在同一範圍內，涉及廣泛者爲普遍；涉及狹者爲特殊。而特殊與普遍，是可以比較

的。也就是說普遍與特殊是相對的、可變的，不是絕對不變的。例如：以「武器」、「火砲」、「一五五榴砲」這三個概念來說，以「武器」、「火砲」來比，則「武器」爲普遍，「火砲」爲特殊。如以「火砲」與「一五五榴砲」來比，則「火砲」爲普遍，「一五五榴砲」爲特殊了。其餘以此類推。以上圖的順序分述之：

一、完全歸納

完全歸納又曰「枚舉歸納」：即是將某類全部所涵涉的特殊事件，毫無遺漏的一一列舉出來，再加以總括作成一個普遍概念的意思。其最大的優點是可靠性百分之百。最大的缺點是因爲在實際上應用時枚舉全部實有其困難，所以它的用途較少。也就是基於這一點，培根（Bacon）、彌勒（Mill）等歸納學家，多不承認完全歸納爲眞正的歸納法。我們也在此從略。

二、不完全歸納

（一）不完全歸納的基本理論

1.不完全歸納的意義：不完全歸納法就是一般人所說的「歸納法」。前面也曾談及過，就是根據一部分既知的事實，推知其餘未知的部分事實，而作成一個概括的論斷（如上圖）。因爲結論中包括著前提中未曾說及的事實，所以推理的結果，增加了一些新的知識。這就是歸納法的可貴之處，也就是因此培根稱其歸納法爲「新工具」，一則表示比演繹法較新的思維工具之一，二則表示依此法可得新的知識。

茲列舉其形式與實例說明之：

【形式】

A、B、C、D……………………………………是P

A、B、C、D……………………………………是S

∴凡S是P

【實例】

前蘇聯、東德、波蘭、匈牙利、中共都是人民無自由的。

前蘇聯、東德、波蘭、匈牙利、中共都是共產政權。

∴凡共產政權的人民是無自由的。

就這一實例而言，過去前蘇聯、東德、波蘭、中共等人民之無自由，是已經證實，而前蘇聯、東德、中共、波蘭又爲所有共產政權之一部分，所以蘇俄等人民無自由，是共產政權不自由的一部分。依據這一部分既知的事實，推定蘇俄以外共產政權的人民，同樣也是無自由的。用推定部分，同於既知部分，把這部分總括起來，以成一個全稱的結論。所以歸納法，是依據既知推廣至未知，而後加以概括之。這一個作用，理則學上叫做「歸納的飛躍」。

2.不完全歸納的規則：「歸納的飛躍」固然是歸納法的特色，但是也不能胡亂飛躍，否則很容易招致錯誤。爲了避免發生錯誤，特設以下三條規則：

（1）所舉的特殊事例必須經過精確觀察的結果。

(2) 所舉的特殊事例不可太少，也不可偏於某一方面。
(3) 所舉特殊事例，必須屬於事物的共同性質，而且是主要的性質。也就是其特殊事例之固有性質。

歸納推理既有依「既知」而推廣至「未知」的飛躍，而飛躍的結果只有蓋然性。但是歸納推理是概念的造成，若只有蓋然性，勢必不能普遍應用，因此，理則學家又基於宇宙自然的事實，求出兩種基本原則，以為歸納法的保證。保證蓋然性的結論，已達近乎必然性的境地，運用概念的人，大可放心的運用。這兩項原則即是自然齊一律與因果律。

所謂自然齊一律，就是說自然界的事物，其變化是遵行一定的軌道，而有無限重複的可能性，它又分為共存的齊一律與繼起的齊一律兩種：

(1) 共存的齊一律：這是指事物在空間上的整齊配列而言。事物在自然界，莫不隸屬於一定的種類，同一種類事物，必具有同一的性質。例如水加熱到攝氏百度時便沸騰；冷到零度時便結冰。這種現象，在臺灣如是，在美國也如是，在非洲也如是，也就是說在任何地方都是相同的，這種共存齊一的現象謂之，又曰橫的齊一律。
(2) 繼起的齊一律：這是指事物在時間上的整齊配列而言。就是說前件與後件的連絡，常以同一形態出現，永遠是如此的。例如麥子的生長情形，先生根發芽，再開花結果，今年如是，明年如是，後年也必如是，也就是說年年皆相同。這種繼起齊一的現象謂之，又曰縱的齊一律。

假如自然界的事物，其變化不遵行齊一法則，則我們的思想便無預測將來的可能了。因此基於共存的齊一，我們的思想才可以「以此例彼」；基於繼起的齊一，我們的思想才可以「鑑往知來」。

所謂因果律，是闡發事物的因果聯繫。也就是說一切事物不是無端而至的，乃是由原因所引起的。原因相同，其結果必定相同，二者的關係至爲密切。換句話說，即事物與事物之間具有一種「必然的依存關係」，這種必然的依存關係，客觀的存在於自然界和社會中，維繫著一切現象相互間的關係。一個事物的發生，就其本身說是一個變動，就對於已逝去的前一個變動而言，則是結果；及對於次一個變動，便又轉變成爲原因了。這樣的因既生果，果又爲因，因果連綿，沒有止境。有了因，一定有果；沒有因，一定不會有果；世間一切事物，均爲此因果律所支配。歸納學家即依據因果律，探求因果，找出五種方法，名曰「歸納五法」。

3.不完全歸納的五法：前面說過不完全歸納即一般所稱歸納法，所以歸納五法，實際上就是不完全歸納的五法，分述於後：

（1）類同法：照彌勒的解釋，它是「若所研究的現象發生於兩個或更多的例子，而這些例子中，只有一種共同情形，這在各個例子中唯一共同的情形，便是那現象發生的原因（或結果）」，謂之類同法，又叫做一致法。現在用大寫字母代表前項或前件；小寫字母代表後項或後件，而這些字母都表示事例，其式如下：

X_1　ABC ······································ abc
X_2　ADE ······································ ade
X_3　AFG ······································ afg
∴ A ·· a

從這個形式中可以看出來，在 A 的後件總是有 a ，伴隨 A 與 a 的其他情形卻不相同，若把其他不同的情形去掉，剩下來便只有前件 A 與後件 a 了。這樣從唯一相同的情形中，我們便可以推定 A 與 a 之間一定具有因果關係。例如將新兵張三、李四、王五加以嚴格射擊預習，才能有命中率極高的射擊成績，因此可以說：嚴格射擊預習是射擊優異成績的唯一原因。

（2）別異法：照彌勒的解釋，它是「所研究的現象，若發生於此一事例中，而不發生另一個事例，除此一點差異的情形外，其餘的情形完全相同。於是在這個事例中的唯一差異之點，便是那現象的原因或結果，或其原因必不可少的一部分。」其式如下：

前　件　　　　　　　　　　　　　　　　後　件

X　ABCD ······························ abcd

X　　BCD ······························ bcd

∴ A ·· a

在這個形式中可以看出，前件有 A，後件也有 a；前件無 A，後件也無 a，這是兩者差異，其餘均同。依此論斷，可知有 A 即有 a，無 A 即無 a，可知 A 與 a 之間必有因果關係。例如餵嬰兒加糖於奶（A），嬰兒愛食之（a），不加糖於奶，則嬰兒不愛食之。這兩者唯一的差異，便是加糖與不加糖，因此，可以論斷加糖是嬰兒愛食的因由。

(3) 同異併用法：所謂同異併用法，就是類同法與別異法聯合併用的一種方法。照彌勒的解釋它是「若在某一現象發生的兩個或兩個以上的事例中，只有一件情形相同，而在同一現象不發生的兩個或兩個以上的事例中，除了缺少同一情形外，其他的情形完全不相同，那麼在這兩種例子中，唯一不同的情形，便是那現象的結果或其原因，或其原因不可缺少的一部分」。其式如下：

前　件　　　　　　　　　　　　　　　　後　件

ABCD ································ abcd

ABGH ………………………………… abgh
ACGM ………………………………… acgm
ADEF ………………………………… adef
BDE ………………………………… bde
CDG ………………………………… cdg
BEF ………………………………… bef
CGF ………………………………… cgf
∴A ………………………………… a

在這個形式中可以看出，有 A 的各事例中，其他的情形不同，唯一相同之點是各事例的前件中均有 A，後件中亦均有 a，於是我們可以認定 A 與 a 之間大概具有因果的關係。爲了使結論更正確，我們再看另一組事例，見其前件中均無 A，後件中也均無 a，由此可知前件的其他情形皆與 a 無因果關係。這樣將兩組事例合併來看，前件中有 A，後件即有 a；前件中無 A，後件即無 a，由是可以斷 A 與 a 之間一定具有因果關係。例如：

戰士甲：身體健康、訓練有素，血型 O，作戰勇敢。

戰士乙：身體衰弱、未受訓練，血型 O，作戰勇敢。

戰士丙：身體健康、訓練有素，非 O 型，作戰不勇敢。

戰士丁：身體衰弱、未受訓練，非 O 型，作戰不勇敢。

從這四位戰士的情況來看，我們很容易得到一個結論：「O 血型的戰士，作戰勇敢」（自然，只從四個戰士的情形，就作出結論，是不可能的。這裡只是舉例而已）。而這一個結論，就是用「同異併用法」求得的。

（4）共變法：照彌勒的解釋，它是「某一現象，若在另一現象發生某種變動時，也隨之發生某種變動，於是另一現象，便是這一現象的原因或結果，或與其因果具有間接關係」。也就是說，以共同變動為論斷的基礎，得出結論。其式如下：

前　　件		後　　件
A B C	…………………………………………	a b c
A' B C	…………………………………………	a' b c
A'' B C	…………………………………………	a'' b c
∴ A	…………………………………………	a

在這個形式中可以看出，前件 A 變為 A'與 A''，後件 a 也變為 a'與 a''，由此可知 a 的變動，乃是由 A 所引起的。 A 與 a 之間，必定具有因果的關係。例如患肺癌者的數量，隨吸菸的多少而增減，就是共變。求過於供，則物價漲，供過於求，則物價落，也是共變。

（5）剩餘法：照彌勒的解釋，它是「從任何現象中，減去已知爲某種前件的結果者，則其餘部分，就是其餘前件的結果」。也就是說，用減除後的剩餘部分，作論斷的基礎，得出結論，其式如下：

前　件		後　件
A B C	…………………………………………	a b c
B	…………………………………………	b
C	…………………………………………	c
∴ A	…………………………………………	a

在這個形式中，由前件 ABC 爲後件 abc 的事實，已知 B 是 b 的原因；C 是 c 的原因。即其前件所剩的 A 與後件所剩的 a，其間必具有因果的關係。例如裝滿一車步槍彈、砲彈與手榴彈，共重一千公斤，已知砲彈四百公斤，手榴彈三百公斤，那步槍彈一定是三百公斤了。

（二）不完全歸納的實際運用：歸納推理的運用，更爲廣泛，舉凡我們所知的原理、原則，可以說都是用歸納法求出來的。例如前面我們講過的「得人者昌，失人者亡」這一原則，就是用它求得的。歸納法既是求原理、求原則，而其求得的原理、原則之應用就必須有別於演繹法。反之，演繹法的應用，又必須用歸納法爲它求出大前提，然後它才可以據以推理。也就是說：「歸納法的結論，就是演繹法的大前提。」兩者相互爲用，不可分離。現在再以「爲何漢奸必亡，侵略必敗」這篇〈蔣公訓詞〉爲例，說明歸納與演繹兩者的關係及其應用。這篇訓詞可說主要的就是運用這兩種方法寫成的，其形式與《孫文學說》頗相似，唯其反覆重用兩遍而已。

蔣公指出：自秦漢以後，歷史的事實都可以證明外來的侵略者，如沒有漢奸做內應，便不會成功。西晉時的王彌、公師藩、汲桑、劉靈；唐朝時的石敬瑭；北宋的張邦昌，劉豫、南宋的史天澤，呂文煥；明未時的李自成、張獻忠、洪承疇、吳三桂等人，都是當時的漢奸流寇，但彼等的最後下場，都是「不旋踵而滅亡」了。最後歸結的說：「今日朱毛傀儡的組織和各種技術，自比過去的李闖、張獻忠之流，新奇高明的多；但是他的政治基礎，是和劉豫、張邦昌一樣的薄弱；至於他的命運？也自然與汪精衛、吳三桂一樣的歸宿，只有自取滅亡的一途了。」現在以歸納法及演繹法的形式來表示：

【歸納法】

王彌、石敬瑭、張邦昌、劉豫都旋踵滅亡了。

王彌、石敬瑭、張邦昌、劉豫等都是漢奸。

∴ 凡漢奸必亡。

【演繹法】

凡漢奸必亡　　　　（大前提）

李自成是漢奸　　　（小前提）

李自成必亡　　　　（結　論）

近代歷史事實證明，凡侵略者沒有一個不是歸於慘敗亡國的。如義大利的墨索里尼，德國的希特勒，日本的東條英磯等等莫不如是，最後歸結的說是，當今的蘇俄就是道地的侵略者，其最後的命運也必定趨於失敗一途了。現在以歸納法與演繹法的形式寫出來，則爲：

【歸納法】
希特勒、墨索里尼、東條等者是慘敗亡國了。
希特勒、墨索里尼、東條等者是侵略者。
∴ 凡侵略者必敗。

【演繹法】
凡侵略者必敗　　　（大前提）
日本是侵略者　　　（小前提）
日本必敗　　　　　（結　論）

由此可知，演繹法的大前提，必須有賴歸納法始可求得；而歸納法的結論，亦必借助於演繹法才能實用。

第三節　類比法

一、類比法的基本理論

（一）類比法的意義

類比法的意義在前面也曾談及，它是由特殊事物，以推知特殊事物的一種推理。也就是說，兩個特殊事物間找出一種或數種類似之點，比而同之，由此一事物的眞，推知彼一事物亦將眞。其推理的根據與推理所得的結果，都是一個特殊的道理。

（二）類比法的規則

類比法在日常生活中應用甚廣。但推理的結論，卻只有蓋然性，並無必然性。具其蓋然性的程度，亦不一致。爲了增高其蓋然性，使其近乎必然性，理則學者特設四條規則：

1.類似點須爲本質屬性，不可爲偶然屬性。

2.類似點須力求其多。

3.類似點須與待推定事項具有密切關係。

4.類似點之間不可有矛盾之處。

總之，類比法所得的結論，若不遵守上述原則，甚至於連蓋然性較高的結論，也不易做到。所以應用此種方法去推理，必須遵守這四項規則。

（三）類比法的種類

類比推理是以「類似」之點爲推理基礎，而類似則有性質上的類似，與關係上的類似兩種。現在分別加說明如下：

1.性質上類似：在甲乙兩事物中，已知其均具有某數種性質，而同時又知甲事物另外還有一種性質，於是即以甲乙兩事物所具有的此數種性質爲基礎，推知乙事物亦可能具有與甲事物相同的另一種性質。其式如下：

【形式】

甲：A、B、C、D、E等性質。

乙：A、B、C、D等性質。

∴乙似亦有E一性質。

【實例】

戰士甲：機警、大膽、有作戰經驗、服從、有責任感、健壯、O型、勇敢。

戰士乙：機警、大膽、有作戰經驗、服從、有責任感、健壯、O型。

∴戰士乙似也勇敢。

2.關係上類似：丙丁兩事物間所具有的關係，與甲乙兩事物所具有的關係相類似，也就是說，丙之於丁，猶似甲之於乙。因此，甲乙的關係，可以推定丙丁的關係。其式如下：

【形式】

甲是乙。

丙之於丁，猶甲之於乙。

∴丙是丁。

【實例】

鼎之三足，不可缺一。

國防之有陸海空軍，猶似鼎之有三足。

∴國防之陸海空軍，亦不可缺一。

二、類比法的實際運用

類比法是我們在日常生活中，隨時隨地都在應用，只是不自知而已，例如革命軍人見了人總是雄糾糾、氣昂昂，無畏無懼的樣子；當我們在社會上，遇到一個雄糾糾、氣昂昂，無畏無懼樣子的人，我們可以推定他可能是一位革命軍人。作文章用類比法也多常見，陳立夫先生的〈三民主義統一中國〉大作，開宗明義用的就是類比法。摘錄部分原文如下：

> 當一個病人垂危之時，群醫束手無策，忽有一位醫者自告奮勇，出而拯救，使之起死回生，眾必驚服，稱之為「醫中聖手」，稱其技術為「神乎其技」而崇敬之。同樣當一個國家內而專制腐敗，外而喪權辱國，亡國滅種，危在旦夕，眾人早已失去振衰起敝之自信，忽有一人出而救國自任，針對時弊，喚起民眾，赤手空拳，以思想領導全民，青年志士，聞風四起，為救亡圖存，前仆後起，視死如歸，一舉而將數千年之專制推翻，建立起亞洲第一個民主共和國，使列強不敢再對我輕視。此一偉大神聖的奇蹟，非至誠至仁之醫學專家革命領袖　孫中山先生，孰能臻此！昔人喻良醫為良相，今則兼二者而有之，豈非天佑中國而降生世人乎！

依類比法：

良醫救人於命危之際受人崇敬。

孫中山先生救國於危亡之秋，猶如良醫救人於命危之際。

∴孫中山先生救國於危亡之秋受人崇敬。

第四節 辯證法

辯證法的意義，前面也曾概略的論及，它是屬於動的理則（與形式的靜的理則相對而言），這種辯證理則思想，在古代的希臘時代，及我國之周秦時代即已有了，不過完成理則體系而以辯證法著稱於世的，則是德國的哲學家黑格爾。黑格爾創造辯證法的動機，乃是認為形式理則，僅限於固定的形式與觀念，不足以說明玄學上的見解，所以必須創造另一種理則。那就是辯證法。

黑格爾的辯證法主要特點，在於反對形式理則的思想律。依據同一律：有即是有、無即是無，有中不含無，無中也不含有。但黑氏的辯證法則認為：有可為無，無可為有，有中含無，無中含有。因此有與無的固定性和抽象性為其所超越。有與無本相反，在黑氏看來是同一的，所謂「相反者的同一」。黑氏也自認在理則思想上一大發現。不過黑格爾也失之過偏，關於這一點在後面釋之。

黑格爾集辯證思想之大成，創立了辯證法，無庸置疑，也為世人所公認。但是中共說，辯論法有黑格爾的辯證法，有中共的辯證法，黑格爾的辯證法是唯心的辯證法，他們的辯證法是唯物的辯證法，這是中共的吹牛欺騙。「辯證法」為黑格爾所創設，是黑格爾的，他人可以研究它，也可以解釋它、運用它，但不能作為創立人。同時共黨對辯證法的認識，也是微乎其微，在馬克思與恩格斯的全集中，馬克思討論辯證法只有三十四頁，恩格斯的，也不過一百二、三十頁，同時恩格斯所討論的，又是自然辯證法，是辯證法在自然界的應用，已非眞正的辯證法。故本節所討論的辯證法是指黑格爾所創立的眞正「辯證法」而言，至於中共的「唯物辯證法」另節批判之，以正「眞」與「假」。

一、辯證法的基本理論

黑格爾把辯證法的基本理論，概分爲三部分，茲就其要者簡述於後：

（一）進展

黑格爾認爲事事物物，無不在進展中。所謂「進展」者，就是向前走，萬事萬物向前走的時候，都要經過一個過程——發生、發展、衰敗、滅亡，任何一項事物也不能例外，所以黑氏認爲事事物物，無不在進展中。事事物物爲何要進展呢？那是因爲宇宙間也是一種絕對精神（絕對理念），絕對精神是進展的，所以事事物物均在進展中。吾人稱辯證法爲動的理則，道理即在此。

這個進展變動的概念，就是由無到有，或是由非存在到存在的「發生」；與由有到無，或是由存在到非存在的「滅亡」。這「發生」與「滅亡」兩種作用停止的時候，就是存在。因此存在是存在，同時又是不存在。要是它僅有存在，就沒有變動，那就什麼東西也不會產生。如果只是不存在，空無所有，就等於零，那什麼東西也沒有了。

正因爲存在又是非存在，所以才有變化，才會變成他事、他物，變成一切，這個階段，黑格爾認爲「正」。

（二）否定

黑格爾認爲「絕對精神」領導著萬事萬物都向前走，走到什麼地方去呢？走向自己本身的反面去，都要否定了自己身分，而變成它的反對物，這就是「否定」。例如小樹走向大樹，新房子走向舊房子都是。

否定能否定了舊的，創造了新的，所以「否定」很重要。黑格爾特別重視它，並將「否定」比做人身上的脈搏跳動，人的身體不能一時離開了脈搏跳動，宇宙間不能一時離開了否定。有了「否定」宇宙間才有了「限制性」與「過渡性」。

「否定」就是本質的變動，事物的現象也隨之變動，本質之所以向反面變動，是事物之本身含有內在的矛盾，但其發展的結果，則又統一了。所以黑格爾認爲，宇宙不僅是矛盾對立的，也是統一的。這個階段黑氏認爲是複雜的，具體的概念，它是相當於「反」。

（三）回歸

黑格爾認爲絕對精神領導著一切事物向前走，走到極端，就是到自己本身的反面去，到了反面還是向前走，又走到了極端，就走到反面的反面去。反面的反面，就是正面，所以叫做回歸。

過去中共對華僑行統戰，高喊「回歸」，名詞來源於此。其意思是說華僑是從大陸上到僑居地去的，應該再從僑居地返回大陸去，所以叫回歸。我們以「回歸要向中華民國回歸」的口號，粉碎中共的統戰陰謀。因爲華僑係由中華民族正統的中華民國到僑居地的，應該再從僑居地回到中華民國政府的所在地臺灣來，不應該回到中共那裡去，因爲中華民國才是回歸的眞正目的。這是對的，華僑近年回國慶祝光輝的十月人數，與日俱增，就是過去粉碎中共統戰陰謀的鐵證。

「回歸」是走向反面，再走向反面的反面，又回爲正，這個過程在黑格爾的概念論中討論到，他認爲由存在先發展爲本質，再發展爲概念。不過回是回來了，並非回到原位而是向上走了一格，這就是進步，對於這種進步，黑氏也有所解釋，他認爲每回歸一次都有一次進步，因爲變化中都有一種作用叫作「揚棄作用」。就是好的東西保留下來，還要發揚光大，壞的東西捨棄了不要，當然就會進步了。事物隨著絕對精神一次一次回歸，一次一次的進步，最後便回到絕對理念。黑氏把由存在先發展到本質，再發展爲概念的這個階段，認爲是「合」。

黑氏認爲世界的演進，就是依存在——正，本質——反，到概念——合的法則前進的，由此可以看出黑氏的發展程序。由最初的「正」，發展爲「反」，「正」、「反」在經過揚棄而生「合」，這個「合」較第一步略有進步，但並非最高，最後的。如此發展下去，一直到所謂「絕對的境地」，其中才再也沒有矛盾了。那才是最高的，最後的「合」。

所以， 蔣公曾說：「黑氏的邏輯學，無疑的是一種辯證邏輯。黑氏有一種『絕對』理念，作爲他思想的基礎，他的辯證法就是爲了證明這個『絕對』的存在意義和價值。」

又說：「黑氏認爲辯證過程中的活動力（或實在）能使一切矛盾概念，變成邏輯的統一。就是說，最後的矛盾，將由『絕對』理念爲之調和解決。這個絕對理念，乃爲最高範疇，也就是『存在』發展的最高和最後階段。」

從此段黑格爾辯證法的基本理論看來，似乎宇宙世界萬物皆是「動」，而沒有「靜」。其實不然，事實上有動也又靜，是互相依存的，去其一，則另一也不能存在。如上下、左右、善惡、美醜之相對而存在一樣。朱子解釋周濂溪的話說：「天地之間只有動靜兩端，循環不已，更無餘事。」如此，事實有動的形態，也有靜的形態，簡單的說就是事實有「動態」與「靜態」。而黑格爾氏只見其一，而否定另一，故我在前面說過其有「過偏」之失，理由在此。

既然事實有「動態」與「靜態」，同時形式理則符合靜態的事實，辯證理則又符合動態的事實，那麼為了了解全部的事實，動態的事實用辯證理則，靜態的事實用形式理則，不是更完美嗎？何以持此而否定彼呢？所以我認為此兩種理則有相輔為用，相得益彰之妙呢？

舉例來說，　國父在〈國民要以人格救國〉講詞：「近來科學中的進化論家說，人類是由極簡單動物慢慢變成複雜動物，以至於猩猩，更進於成人。」可見承認猩猩變化為人，是說猩猩是變化的。而其變化在於其中含有其非本身的因素，即人的因素，這在黑格爾說叫矛盾。此人的因素發展之後，猩猩就變成人了，這是合乎辯證理則的，即對猩猩做了辯證法的考察。但是在承認猩猩變化成人之前，就承認了猩猩是猩猩，人是人，在形式理則上即同一律（甲是甲），即矛盾律（甲不是非甲），即拒中律（是甲或非甲）。否則，猩猩變化為人又從何說起呢？可見形式理則與辯證理則是交織為一，而皆不可少的了。

並且形式理則還是辯證理則的基礎。因為要承認猩猩是猩猩，這樣猩猩變化為人才有意義，才可得證。否則猩猩不同於其自身，所謂變化就得不到了。而且猩猩與人沒有差別，變化就不存在了。所以矛盾是以不矛盾為前提，可見同一律是矛盾律的基礎，形式理則也即是辯證理則的基礎了。

二、辯證法的實際運用

辯證法的實際運用，最主要的就是對變動的事實運用「正反合」的辯證法則。所以　蔣公說：「我對革命幹部教育，始終主張要採取黑格爾辯證法的本意，亦就是在他思維方法的三段落的這個法則而已。而且對這三段落中，特別注重在『反』的一個段落。就是要喚起一般幹部在計劃一切作爲時，非得特別重視對象和客觀條件不可的意思。」

先從歷史發展過程的現象來舉例說明之。　蔣公說：「民國初年一般士大夫醉心於民主政治，不問其基礎何在，亦不詳究其動力爲何，以爲只要有國會、有內閣，就算是民主政治；經過袁世凱帝制，張勳復辟、軍閥混戰，一般人才接受　國父的革命方略，以武力掃除障礙，以訓政建立基礎，方能進入憲政時期。在這也可以說『民主政治』的觀念是『正』，北洋軍閥的反動混戰、背叛民國是『反』，而　國父的建國大綱、民權主義才是『合』。」

再就心理發展過程的現象來舉例說明之。

當我們擬訂作戰地域的政治、經濟及社會的各種情況，這就是「正」。再根據情報研究敵人的軍隊數量、武器裝備、士氣，以及其他有關他們的政治、經濟及社會各種情況，這就是「反」。將這正反兩面考慮的結果，比較得失，找出雙方敵我的優點與缺點，然後如何以自己的優點彌補自己的缺點，並避開敵人的優點，進而發揚我之優點打擊敵人之弱點，得出一個結論。根據這個結論，擬訂一個作戰計畫，就是「合」了。但是這個「合」，僅是初步的，必須根據戰況的進展、最新的情報，及敵我雙方各種情況的變化，以原有的作戰計畫的「合」爲第二階段的「正」，再基於新的資料，作如上述的考慮，產生一個新的計畫「合」，如此推演，一直到戰勝敵人爲止。那個「合」（最後戰勝敵人時的計畫）雖然並非是毫無缺點的已達「絕對」境地，但由於敵人已被打敗，不必再推演下去了。

當我們擬訂作戰計畫時，也可從另一個角度來運用辯證法則。那就是當我們對敵作戰，考慮作戰計畫第一個觀點，就是（這個計畫）要制勝敵人，這是「正」。第二個觀點，如果（這個計畫）萬一不能勝敵人，或竟失敗了，將如何呢？這是「反」。第三個觀點，就是要將第一、第二兩個觀點，相互對照，比較其優點與缺點的所在，然後決定正確的計畫，來切實執行，這就是「合」。

辯證法則最大的優點，就是我們在考慮問題時應用它，不會發生「一廂情願」的毛病。更有使吾人「勝不驕、敗不餒」的作用。簡而言之，它有使吾人減少失敗的功效。何以言之呢？先就「一廂情願」來說吧！通常人們考慮問題，多半是打「如意算盤」，一旦發生相反的情形，便感到倉皇失措，不知如何是好，於是認爲是「這樣事出乎意料之外」，或說這是天意，歸之於命運欠佳。其實不然，是未運用「正反合」思想法則的結果，犯了「一廂情願」的毛病。楚漢之際，漢高祖與楚霸王戰爭，相持不下，漢高祖遣使言和，中分天下，以鴻溝爲界。楚霸王信之，將俘獲的太公、呂后送還。但楚霸王率兵東歸之時，漢高祖已命韓信等將截擊，自己也率兵追擊之。楚霸王遭此突變，兵敗自殺。力拔山河氣蓋世的楚霸王，被後人譏爲匹夫之勇。這都是醉心於和，而未考慮到和的反面「戰」而得到的惡果。楚霸王自認漢高祖畏戰，才與其言和，以鴻溝為界又有利於自己，一廂情願的想著漢高祖會遵守合約，不會越過鴻溝，他自己以榮歸故里，好好炫耀一番。當情況突變時，不知所措，只有嘆係天意滅楚，非人力所能改變而自刎了事。

再就「勝不驕、敗不餒」而言：如果你從事一件工作成功了，或是一次戰役勝利了，你要想到成功、勝利的反面就是失敗，如果你不能保持勝利的果實，馬上就會招致失敗，於是你必繼續為下次勝利而奮鬥，絕不會「為勝利而沖暈了頭」；如果是失敗了，失敗的反面是成功或勝利，失敗乃成功之母，不必灰心，仍可以再接再勵。簡言之，就是勝利了要從失敗的方面去檢討；失敗了要從成功方面去檢討。如此，自不會有「勝不驕、敗不餒」的毛病。果如此，自然是有減少我們失敗的功效了。

三、唯物辯證法不能做思想工具

邏輯方法論一章，談到這裡本可以告一個段落，因為常用的一些工具都已談過。但是唯恐有人懷疑「唯物辯證法」何以不能作為思想方法工具之一呢？同時中共從可以用，我們也可用啊！其實它是荒謬不可用的，所以特增這一段說明它荒謬不可用的道理。

黑格爾的辯證法，適用「正反合」的辯證法則，來說明歷史的發展。其唯一的要旨，是從矛盾中求和諧，從相異中求統一，正如他的辯證法則「正反合」一樣。

同時黑格爾是把「絕對精神」作為宇宙的根本，萬事萬物都是「絕對精神」的表現，絕對精神要向前走，要走到自己的本身反面去，經過反面還要回來，於是萬事萬物也要跟著「絕對精神」向前走，也要經過反面再回來，所以宇宙的根本，是「絕對精神」。但是馬克思則不這樣說法，馬克思認爲宇宙的根本不是絕對精神，而是物質。一切物質都要向前走，經過反面還要回來。因爲所有的物質都要順著這條路走，也就是馬克思唯物辯證法。這就是馬克思所說的，他的辯證法是錯的，錯在「頭腳倒置」。意思是說領著一切事物向前走的不是「絕對精神」而是「物質」，「物質」爲宇宙一切的根本，所以馬克思就說他的辯證法是「唯物辯證法」，與黑格爾的「唯心辯證法」完全不同。其實不然，馬克思是竊取黑格爾「正反合」辯證法之名，作爲政治鬥爭的一種陰謀策略的工具。茲就其各法則的荒謬，分述如後：

（一）對立統一法則荒謬

黑格爾以爲各種事物，在其內部都有另外兩種因素相對立看，一種是正的，一種是反的，這件事物，就把這兩種因素統一了，所以叫統一物。這兩種因素，有人把他們叫做內在矛盾，所以這個法則，也叫矛盾法則，或叫矛盾定律。黑格爾的這一法則，馬克思把它分爲兩個部分，一部分是統一物有對立，一部分是對立物必有統一。黑氏把這兩個部分視爲同等重要，而馬克思則只重視前者，而不重視後者，這是馬克思唯物辯證法的首要荒謬。

馬克思認爲「統一物中有對立」即凡事物中皆有矛盾，矛盾就是對立，有對立就是有了鬥爭，從鬥爭中才能求進化，而且認爲鬥爭是進步的唯一動力。因此，馬克思強調「矛盾」、「鬥爭」、「排斥」才是絕對的、必然的，「鬥爭是萬物之王」。同時他也認爲正的方面與反的方面兩者的鬥爭的結果，是正的方面愈來愈沒落，反的方面愈來愈成功，直到正的完全被消滅爲止，這就是共產黨「造反有理」的根據。宇宙之間果眞如是只有對立與矛盾，這個世界就要毀滅。例如有一班學生，在上課時，從當中分開，兩方互鬥，敗方死光了，人數變少了；又由當中再分開，兩方互鬥；最後只剩兩人在一屋中，你要打我，我要打你；僅剩下一人在屋中時，腳要踢手，手要打腳，眞要如此，世界豈不就要毀滅了嗎？這不就是一個不斷鬥爭論的又一個錯誤的所在。

黑格爾認爲一切對立物必要統一，而共產黨則認爲這一部分是暫時的、可有可無的、無關緊要的，隨棄之而不顧，究其道理是對立物一定統一有礙於它陰謀之遂行，所以共產黨只有用凡物皆對立這一部分是他們利用實施鬥爭之工具而已。如果有一共產黨發現了這個荒謬之點，再把它說出來，他們立即把他鬥下去，以滅其口。當年的中共中央黨校校長楊獻珍，察覺到這一點，他說，一要分爲二，二要合爲一，一分二就是統一物的對立，二合爲一就是對立物必統一，按照黑格爾的辯證法，大體上沒有什麼錯誤，但中共高層，因重視對立，又因與蘇修甫決裂以後，不能再說合作，所以動員宣傳打手圍剿楊獻珍，這不只是偏見，反而成了意氣之爭，其荒謬之嚴重性可想而知。

（二）質量互變法則荒謬

黑格爾認爲質量互變法則，也是兩部：量變到質變，質變到量變，同時兩者同等重要，無輕重之分。共產黨則斷章取其先者，而捨棄後者。

共產黨認爲一切變化，先有量變，量變到了限度，本質才起變化，質變是由量變所引起的，故也可以說，量變引出質變來，共黨的「理論家」艾思奇，在其《大衆哲學》一書當中，曾舉過一個例子，西湖之上有雷峰塔，雷峰塔是用磚塊建築的，我們中國人很迷信，都以為誰的家中，存有一塊雷峰塔的磚塊，他家就不鬧妖邪，於是凡到雷峰塔去遊玩的人，都要偷一塊磚，磚愈來愈少了，塔也一點一點的歪了，這個變化就是量變。有一天雷峰塔失去重心已不能再行站立，於是忽然倒塌下來，這個忽然倒塌就是質變，本質有了改變。原來是雷峰塔現在已不是雷峰塔，變成一堆磚頭，雷峰塔已不存在了。這個例子說明量變是漸變，質變是突變，質變是由量變引起來的。共產黨又把這一套公式用來說明人類、社會之所以進化的道理。就是說，封建社會有特「質」，這種特質形成以後，逐漸成長已至於成熟。其中逐漸成長是量的漸變，漸變到一定程度以後，由於內在的「矛盾」，反而妨礙了「質」的發展，於是而突變成新的另一種特質，這就是所謂「資本主義社會」。資本主義社會，用同樣的漸進方式的量變，到了一定限度，又將以突變的方式，一躍而變成了「社會主義社會」。

從這些例子看來，他們的基本觀念是：人類、社會、雷峰塔始終是在「量」與「質」的轉化當中兜圈子。除了「量」、「質」以外，就沒有其他不變的東西，其實是錯誤的。　國父卻認為「質與量」之外，人類、社會進化中有一個不變的「重心」，那就是「民生」。不論「社會主義社會」、「資本主義社會」、「封建主義社會」的人類，都必須有一不變的本質──求生存。同理，無論雷峰塔直立，雷峰塔歪斜、雷峰塔傾倒，其磚頭的本質沒有變，磚頭仍然是磚頭，這就是共產黨徒這一法則之荒謬之處。

再者，量變固然可以影響質變，但是共產黨沒有注意到質變也可以影響量變。舉例來說明：阿斯匹靈有兩種，一種是粗糙的，牛馬服用的；一種是精細的，又經過人工提煉，而專為病人用的。兩種阿斯匹靈本質不同，用量也一定要改變，牛馬有病時，獸醫為之治療，用阿斯匹靈時，其量為半斤或一斤。當人有病時，醫生為之治療，絕不可服用阿斯匹靈半斤或一斤，要按人類應用之量來服用，所以本質改變之後，量亦應隨之而改變，不然會有很大的麻煩。足見量變與質變互有影響的也就是量變影響質變，質變也影響量變，這才是「質量互變」的全部，而今共產黨只把「量變到質變」用到策略運用上，後者捨棄之，這又是唯物辯證法有關這一法則的一項荒謬。

（三）否定之否定法則荒謬

黑格爾認為一切事物有進展，也就是向前走，其出發點是肯定，由出發點向前走，走到自己本身的反面去，就變成自身相反之物，這是否定，到了反面以後，還要向前走，走到了限度，就要走到反面的反面，又是正面，這就是否定之否定。不過這次的正面（肯定）不是原來的那個肯定，而是經過揚棄作用以後升高一格的肯定，這個肯定並未停止，繼續依著否定之否定順序向上，直到「絕對理念」才為止。唯物辯證法又把黑格爾的原意分為兩部分：一是否定之否定，二是繼續依否定之否定順序進展。同時重施故技用其前者而捨棄其後者，這正是唯物辯證法荒謬之處。用共產黨徒非常願意舉的例加以說明。

共產黨認為原始共產社會是肯定的，資本主義的私人占有社會是否定的，未來的共產社會是否定之否定。同時又認為未來的共產主義社會，不是原始的共產社會的恢復，而是原始共產社會與資本主義私人占有社會，更上一層樓的綜合，在未來的共產主義社會中，克服了原始共產主義社會的漁獵、游牧、部落等原始時代的落後現象，而保留了共同生產，共同消費的基本原則，又克服了資本主義社會的生產社會性，私人占有性的矛盾，而保留了優良生產組織，生產設備，這正表示了，否定之否定，是肯定與否定在更高階段的綜合。共產黨徒就認定了這是「否定之否定」之全部過程，不再向前走了。我們要問黑格爾的法則是否定之否定後還要繼續向前走啊！爲什麼唯物變證法否定之否定到了共產主義社會就不走了呢？他們要賴硬說走到頭不能再走了。其實他們也明白再向前走，共產主義社會就會被否定掉了，當然他們得硬說不再向前走了。眞是荒謬的無恥至極。

唯物辯證法這一個法則完全不懂進化原則，違反了進化道理。國父是主張進化論的，他認爲宇宙的進化是：「由物質進化到物種，再由物種進化到人類。」又說：「人類得進化是由草莽進於文明，由文明再進文明。」這證明空間上多方面的進步，時間上繼續不斷的進化才是對的。同時進化是爲了生存，也就是「生生不息」的進化再進化的觀念，根據這個觀念，來看「否定之否定」法則，那就又錯了。唯物辯證法認爲資本主義否定了原始共產主義，未來的共產主義又否定了資本主義，一個一個的被否定掉了，就是一個一個的死滅了。其實社會形態雖然在改變，但人類以「生存」爲重心的道理沒有被否定掉，這又是唯物辯證法這一法則的一項荒謬。

談到這裡，我們可以了解唯物辯證法的三大法則，無一不是荒謬而無稽的。既是荒謬而無稽，那他們走的不是正道，而是邪門旁道。當然唯物辯證法不能作爲吾人思想方法工具之一。

第四章
謬誤

第一節　謬誤的分類

第二節　不相干的實質謬誤

第三節　證據不足的實質謬誤

第四節　歧義的謬誤

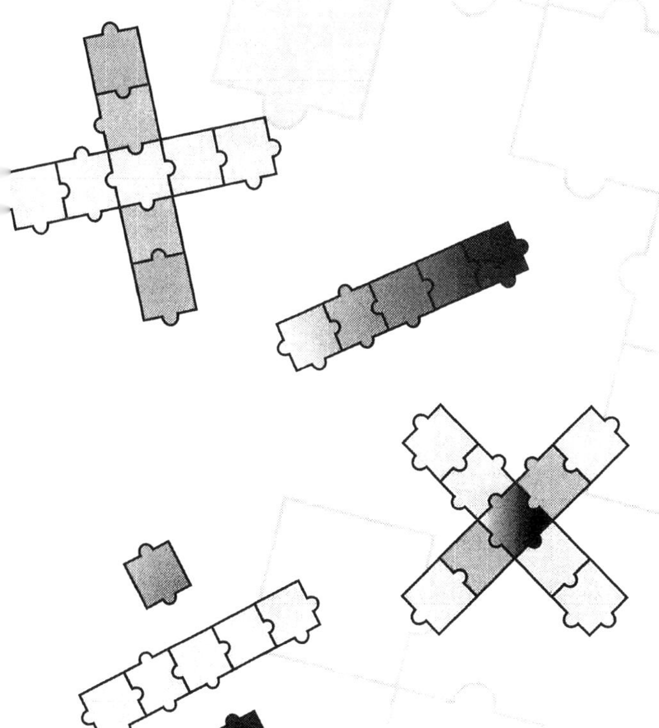

論證是由語句組成，語句有眞假可言，論證則有正確與否之分。眞與假是語句的性質，而非論證的性質。因此，我們可以說眞的語句或假的語句，卻不可說眞的論證或假的論證。正確或不正確是論證的性質，而非語句的性質。因此，我們可以說正確的論證或不正確的論證，卻不可以說正確的語句或不正確的語句。

在日常的用法中，「謬誤」一詞通常用來表示錯誤的想法或假的主張，如此一來，謬誤是語句的性質。但是，在邏輯中，「謬誤」一詞有特殊的用法，它用來指錯誤的論證或推理。在此，謬誤是論證的性質。不過，即使我們排除了日常的用法，我們仍須注意，在邏輯中，「謬誤」有時指的是那些不正確的謬誤；我們在此可把「謬誤」改爲形容詞，而稱這種論證爲「謬誤的論證」。此外，我們可以說兩個不同的論證犯了同樣的謬誤。然而，不論是哪種用法，「謬誤」皆指論證而言，這點與日常用法不同。

上面只是在說明「謬誤」一詞在邏輯中的特定意義及用法。但是，在邏輯學家的研究中，它們並不關心那些一目瞭然的謬誤。事實上，如果一個謬誤很容易就被看出，則我們也沒有必要花太多的功夫去討論它或防範它。因此，在邏輯學的研究中，通常對謬誤的研究範圍有進一步的限定，亦即限定於那些實際上不正確，然而卻容易使人誤以爲正確的論證。換言之，在實際的研究中，邏輯學家關心的是那些容易爲一般人所犯的謬誤。

這個研究的重點與「謬誤」一詞的字義亦頗有相合之處。「謬誤」（fallacy）一詞源於拉丁文，當動詞使用時，意即「欺騙」（fallere），當形容詞用時，意即「容易使人上當的」（fallax）。在對謬誤的研究中，邏輯學家關心的正是那些容易使人上當的論證。

在此，我們應該可以看出，謬誤的研究確實有其必要性。就好像身處在思想的森林中，如果我們知道如何避開陷阱，則走出森林的機會就大的多了。

然而，在現行的理則學教本中，有不少是把對謬誤的討論放在次要的地位，有的則根本不提。當然，這種情況並不是毫無道理的。

首先，有人認為，基於實際的考慮，學習邏輯的重點應該放在論證何以成為正確的問題上，而不是去省察各式各樣的謬誤。我們若是不知道正確論證的標準，又怎麼能判定謬誤呢？

其次，基於謬誤問題的討論還沒有形成共同的說法。對於謬誤有各種不同的分類，也有不同的名單，有的名單上甚至列上七十多個不同類型的謬誤，但是並沒有一套完整的理論足以說明這些分類。有許多困難是緣於謬誤的數量無窮無盡；這種情況在非形式的謬誤中更形嚴重，因為在此牽涉的不只是形式，而是內容。另一方面的困難緣於，對任何一個謬誤的論證加以分類時，都會涉及到對此論證的重新建構（reconstruction）。同一個論證可能在某種建構方式下是不正確的，而在另一種建構方式下卻是正確的。以下面樵夫說的話為例：

她是一隻帶著幼熊的母熊。

所以，她很危險。

把這段話重新建構成一般邏輯學家所討論的形式，可以直接地建構成下述的論證：

所有帶著幼熊的母熊都是危險的。

她是一隻帶著幼熊的母熊。

因此，她是危險的。

這是一個有效演繹論證，但不是健全論證，因爲第一個前提是假的。不過，樵夫的話也可重新建構成一個歸納論證：

大多數帶著幼熊的母熊是危險的。

她是一隻帶著幼熊的母熊。

因此，她是危險的。

這是一個正確的歸納論證，因爲其中的前提足以支持結論。此外，樵夫是個實際的人，他的話也可被建構成實踐的論證（practical argument）：

我不想自找麻煩。

大多數帶著幼熊的母熊是危險的。

她是一隻帶著幼熊的母熊。

因此，我最好避開她。

這顯然是個相當合理的實踐論證。

不過，儘管有上述這修復面的顧慮，我們如能對於常見或易犯的謬誤多些了解，仍有其好處。至少可以提醒我們自己避免去犯這些謬誤，也可使我們不致輕易被他人使用謬誤論證所迷惑、欺騙。

第一節　謬誤的分類

前面說過，對於謬誤的分類，並沒有一個一致的說法，而每一種分類皆有其可議之處。在此，我們採取一種比較傳統的分類方法，儘管它曾受到不少嚴厲的批評。

依照這種傳統的說法，謬誤分爲兩大類：形式的謬誤（formal fallacy）與非形式的謬誤（informal fallacy）。前者關涉於論證的形式，後者關涉於論證的內容。

首先，讓我們看一個形式謬誤的例子：

如果天下雨，則地濕。

地濕了。

因此，天下雨。

這個論證看起來像個正確的演繹論證，實則不然，因爲當兩個前提皆爲眞時，結論仍可能爲假；例如，可能是因爲水管破裂而使地濕。在研究演繹論證時，我們發現具有下述形式的演繹論證才是正確的：

如果 P 成立，則 Q 成立。

P 成立。

因此， Q 成立。

然而前面那個論證的形式卻是：

如果 P 成立，則 Q 成立。

Q 成立

因此， P 成立。

這種論證形式是前述正確論證的扭曲變形，它的不正確僅由於論證形式即可看出，故謂之「形式的謬誤」。

簡言之，當我們不需考慮論證的內容而僅憑形式即可判定其不正確時，這個論證就是形式的謬誤。就理論上來說，凡是具有不正確論證形式的論證，都是形式的謬誤。不過，這類不正確的論證形式、以及具有不正確論證形式的論證，數量過於龐大，邏輯學家不可能也沒有必要把它們全部列舉出來。因此，邏輯學家經常提到的形式謬誤，乃是那些容易使人誤以爲正確的形式謬誤。通常在形式邏輯中都會簡單地提起那些常見的形式謬誤，而本章並不處理此一部分。

至於非形式的謬誤，則不能只考慮其論證形式，而必須考慮其論證內容，才能看出來它是不正確的。例如：

X 候選人爲選民所唾棄。

C 君是選民。

因此， X 候選人必定爲 C 君所唾棄。

這個論證的形式皆沒有問題，但卻不是一個有效的演繹論證，因爲當兩個前提皆成立時，結論亦可能不成立。這個論證之所以不正確，不是出於其形式，而是由於內容的問題。「選民」一詞在兩處出現，用法並不一樣，首先是集合的用法，接著卻轉變爲分子的用法。「在 X 候選人爲選民所唾棄」中，「選民」是集合的用法，它並不表示每一個選民都唾棄 X 候選人；換言之，這個前提並不排斥選民中可能有人不唾棄 X 候選人，因此， C 君這位選民有可能是其中一位。弄清楚這一點，自然可以看出這個論證是不正確的；而此點涉及內容上字詞的用法，故爲非形式的謬誤（之所以會使人以爲它是正確的，乃是因爲不易分辨出同一字詞在論證中的不同出現會有不同的用法，如果第一次出現的「選民」也是分子的用法，指第一個前提表示每一個選民都唾棄 X 候選人。如果是這種用法，則此論證是有效的）。

又如：

政權屬於人民。

我們是人民。

因此，政權屬於我們。

如果純就形式來看，這個論證並沒有問題。但是第一次出現的「人民」是指全體的國民，而第二次出現的「人民」則是指某一特殊的團體。如此，既使前提皆成立，我們也不能說政權應該屬於那個特殊的團體。因此，注意內容上同一字詞有不同的指涉，則可發現這是一個不正確的論證。這也表示此論證是屬於非形式的謬誤（此次舉的兩個例子是後面所說的「一詞多義的謬誤」）。

本章的討論將集中於非形式的謬誤。

根據傳統的分類，非形式的謬誤可以進一步分為兩類：實質的謬誤（material fallacy）與岐義的謬誤（fallacy of ambiguity）。前者緣於論證內容所涉及的題材，如果不熟悉該題材，就不易察覺其中的不正確。後者緣於語言的岐義，由此，同一個字或同一句話可能有不同的理解。

實質的謬誤仍可進一步分為兩種：不相干的謬誤（fallacy of irelevance）與證據不足的論證（fallacy of insufficient evidence）。在前者中，前提的眞假與結論的眞假是不相干的。在後者中，前提的眞假雖與結論的眞假相干，卻不足以支持結論。

由上述的討論，我們可以將傳統的分類表列如下：

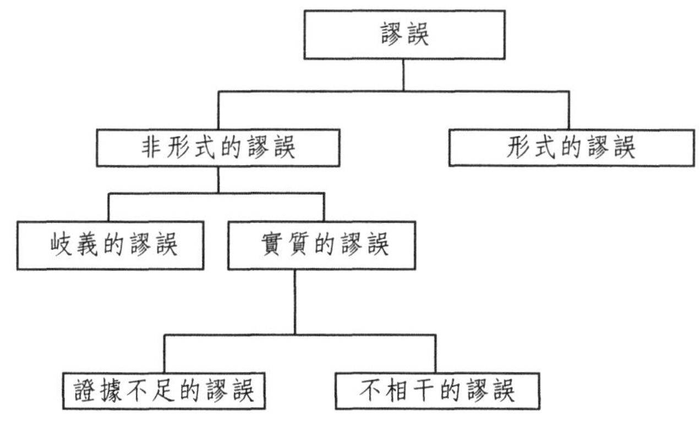

以下幾節即分別說明幾種不相干的實質謬誤、證據不足的謬誤、以及岐義的謬誤。當然，其中所舉的只是一些比較常見的謬誤而已。

第二節　不相干的實質謬誤

有時一個論證的前提與結論之間實際上並沒有任何邏輯關係，可是它卻能藉著一些不相干的因素，使我們容易誤以爲它的前提足以支持結論。這類論證即稱爲「不相干的實質謬誤」，或簡稱爲「不相干的謬誤」。在此，可能有不同形態的不相干因素，也因此而形成不同形態的不相干的謬誤。以下即分別說明之。

一、人身攻擊的謬誤（the fallacy of ad hominem）

這種謬誤又成爲「訴諸品格的謬誤」（the fallacy of appealing to character）。這種論證經常出現在爭辯的場合，其論證在於對方的想法或作法，但是前提所說的卻與此無直接的關係，而只是在攻擊對方的人格或背景。換言之，我們在原則上會要求人們在論辯時，要做到「對事不對人」。但是，不幸地，「對人不對事」卻是人們常犯的毛病。

進一步來說，批評一個人可能有許多的方式，常見的像是批評他的人格、動機，或是批評他的背景、身分。依此，人身攻擊的謬誤分爲兩種形態：辱罵式（abusive form）及背景式（circumstantial form）。例如：

（一）它是個聲名狼藉的人，因此，他所說的這個理論是錯的。

（二）張三說李四提出的企劃案有問題，但是大家都知道，張三上個月曾經得罪過李四，而張三是個心胸狹窄的人，因此，張三對李四的評語是錯的。

（三）被告是共和黨員，而法官卻是民主黨員，因此，法官對被告的判決是不公正的。

（四）在興建核能廠的評估報告中，吳教授認爲是利多於弊，但是由於吳教授的太太是核能廠的籌建人員，因此，吳教授的評估報告是偏頗的。

在此，前兩個論證犯了辱罵式的人身攻擊謬誤，後兩個論證則犯了背景式的人身攻擊謬誤。如果我們以演繹的有效性作爲評估論證的標準，則此處的論證皆屬無效的，因爲儘管前題爲眞，結論仍可能爲假。

然而，我們也曾提過，歸納的強度也是評估的一種標準。如果依據這個標準，某些人身攻擊的論證不一定就是謬誤。例如有位警官說：「張三是個孤獨的單身漢，他爲了引人注意，每次有兇殺案發生，他就來警局投案說是他殺的。可是，經過一番調查，最後發現根本與他無關。我們被他折騰了幾十次，昨天他又來說他殺了人，我們根本不予受理。」在這種情況中，這位警官由於張三的某種怪癖而不採信他的話，這算不算是一種人身攻擊的謬誤呢？如果以演繹的有效性爲標準，這位警官的論證當然是無效的，因爲，張三這次說的有可能是眞的。但是，如果以歸納的強度爲標準，這個論證是正確的。因此，雖然這個論證的前提涉及人身攻擊，但不能算是一種人身攻擊的謬誤。

簡言之，有些人身攻擊的論證是謬誤的，而有些人身攻擊的論證卻是正確的。當然，要能在實際的情況中分辨清楚，並不是一件容易的事。我們在此只能提出大略的建議。人身攻擊的論證有個基本模式，亦即前提是關於「人」的，而結論是關於「事」的。如果前提所說的有關人的部分與結論所說的有關事的部分條件，具有必然的關聯或是具有或然性很高的關聯，則此處的人身攻擊是種正當的使用，也不算是謬誤。然而我們如何判別其間關聯程度的高低呢？在此，就是屬於內容、題材的問題了。由此，我們應該可以看出為何此種謬誤被歸類為實質的謬誤。因為，要能看出此處的謬誤，必須得對論證的實質內容有相當程度的了解。

二、彼此彼此的謬誤（the tu quoque fallacy）

有人認為這種謬誤是人身攻擊的一種特殊形態。當我們受到他人的批評或指責時，如果我們不針對被批評之事加以答辯，卻反咬一口而以類似的批評反擊回去，我們就涉及這種「彼此彼此的謬誤」。因為，這種答辯方式背後的理論根據是：「你這樣做，因此我也能這樣做」，或「你也做錯了，因此你不可以指責我」。

舉例來說，在選舉的過程中，甲候選人指控乙候選人的競選經費是非法取得的，而乙候選人在回答時，並不針對甲候選人的指控加以說明，卻指控甲候選人的競選經費也是非法取得的。這個論證之所以謬誤，乃因乙之指控甲與甲之指控是否為眞並不相干，也就是說，我們無法由乙的回答中得知乙是否非法取得的經費。

這類謬誤擴大一步即成為另一種性質相近的謬誤，意即「一般做法的謬誤」（the fallacy of common practice）。此處的理論根據是：「大家都這樣做，因此我這樣做是沒有錯的。」例如在「榮星案」

中，有人不針對是否有收取紅包這件事，卻指出送紅包是中國社會的一般做法，又如當警察取締攤販時，小販回答說：「這麼多人都在擺地攤，爲什麼我不行？」這兩個例子背後隱含的論證都犯了一般做法的謬誤。我們應該了解，一般做法並不表示就是對的做法，正如有不少人犯法，並不表示犯法是對的。此外，在以上的例子中，顯然都缺乏一種「就事論事」的正確態度。

三、訴諸權威的謬誤（the fallacy of appealing to authority）

在此，我們必須注意到，有些訴諸權威的論證是謬誤的，有些卻是正確的。事實上，就我們的知識來源而言，權威的說法是相當主要的一個來源。由於實際上我們不可能去省察所遇到的成千上萬的說法，所以我們通常會訴諸權威而接受許多說法。例如，當有人問你：「你爲什麼要相信時間會隨著速度而改變？」你不必提出你自己的研究，你只要回答：「愛因斯坦這麼說。」因此，在某些情況中，訴諸權威是正當的做法。

不過，值得注意的是，一個權威的說法之所以可被接受，乃是因爲他具有某一領域的專業知識。換言之，權威之被信賴的理由，乃因他的專業知識的成就是被肯定與信賴的。因此，我們所訴求的權威，必須是某一領域的專家，我們不可以隨便把任何人都當成權威。其次，更重要的一點是，一個人之所以成爲權威，是因爲他是某一領域的專家，所以，他的權威性亦得局限在該領域內。一個人在某一領域成爲權威，並不代表他在所有的領域中都是權威。

當我們在建構訴諸權威的論證時，如果我們能遵守上述的兩個要點，即是正當的訴求；否則，即犯了訴諸權威的謬誤。因此，這種謬誤應該加上一層限制而名曰：「訴諸不恰當權威的謬誤」（the fallacy of appealing to unsuitable authority）。在論證中，我們不是不能訴諸權威，而是不應該訴諸不恰當的權威。

以下述兩段對話爲例：

甲：「吃飯掉飯粒，容易生痲子。」

乙：「理由何在？」

甲：「我祖母說的。」

丙：「優秀的棒球選手必須具備旺盛的企圖心。」

丁：「理由何在？」

丙：「諾貝爾獎得主李遠哲說的。」

這兩個論證都犯了訴諸權威的謬誤。第一個論證中，如果甲的祖母不是任何方面的專家，則甲是隨便地把任何一個人當成權威。在第二個論證中。李遠哲得到諾貝爾獎是因爲他在化學方面的專業成就，固然他對棒球也有興趣，但是我們不能因爲他是化學專家就同時把他當成所有領域的專家。在此，似乎預設某一個領域的權威所說的話，不論是關於哪一方面，都是對的。顯然，這個預設是不正確的。事實上，就上述論證而言，化學專家與棒球知識之間並無相干性。

以上所說的這種謬誤，在邏輯學中，被稱爲謬誤，但是並不代表它在日常生活中沒有效力。在許多的宣傳與廣告中，常常使用這種謬誤來達到目的。例如，某某香皂品質很好，因爲是影后說的。按道理說，演電影的專家與評鑑香皂的專家，這兩種身分是不相干的。但是，這些邏輯學眼中的謬誤卻偏偏能在日常生活中達到促銷的目的。在此，可以順便提到一個與此類似的「訴諸群衆的謬誤」

（the fallacy of appealing to the people）。這種謬誤與前面所說過的「一般做法的謬誤」亦有類似之處，它是以大多數人的意見或做法來證明結論的眞假。像是廣告中常用「大家都愛用」或「銷售量最高」來證明某產品是最好的，事實上兩者之間沒有直接的關聯，其他的因素（如價格低廉、購買方便等）也可能造成銷售量最高的事實。

此外，在追求民主的社會中，也常發生這種訴諸群衆的謬誤。例如，在核能廠興建的事件中，有正反兩派的意見，如果我們依據大多數的民意來裁決興建與否，頂多只能表示政府對民意的尊重。事實上，大多數人的意見不即是權威。一件事情事實上是否爲眞，與大多數人是否同意它，本質上是不相干的。

在訴諸群衆的謬誤中，我們看到它以「大衆同意的」爲根據而推到「事實爲眞的」，因此類似一般做法的謬誤。它又常將大家的意見當做權威，而取代眞正專家的意見，因此亦犯了訴諸不恰當權威的謬誤。此外，喜好運用訴諸權威的人，常會刻意激起人們的情緒，造成一種敵愾同仇的態勢，因而達成目的。

四、訴諸暴力的謬誤（the fallacy of appealing to force）

當我們要別人接受我們的看法時，如果我們並不說明爲何此一看法是可接受的，反而藉著暴力或利害關係，製造壓力而逼迫別人接受，如此即犯了訴諸暴力的謬誤。

在日常生活中，當我們要威脅或逼迫他人時，通常是伴隨著命令的形式出現。例如，父母對兒子說：「趕快去讀書，否則就去罰站。」又如，強盜拿著炸彈對銀行的櫃檯小姐說：「把錢拿出來，否則大家同歸於盡。」在這類情況中，根本不成為一個論證，因為此中包含無真假可言的命令句，而構成論證的語句卻必須有真假可言。謬誤是論證的性質，因此，如果威脅並不以論證的形式出現，則可稱之為「訴諸暴力的謬誤」。

不過，此處說的訴諸暴力的謬誤則具有論證的形式。例如，專制的父親對兒子說：「萬般皆下品，唯有讀書高，你必須照我說的這道理去做，因為你不這樣做，我就不給你買越野車。」又如，當某位學生對老師的講法質疑時，老師回答：「我的講法是絕對正確的，理由是，如果你不照我的講法答題，就一定不及格。」這兩個例子都具有論證形式，亦皆以某種利害關係製造壓力而逼迫別人接受自己的說法。

有的學者指出，一般所謂的訴諸暴力的謬誤雖然有論證的形式，但嚴格說來，仍然不算是論證，因為其中的結論在本質上仍屬於命令句的形態，因此也不算是一種謬誤，因為其中的結論在本質上仍屬命令具的形態，因此也不算是一種謬誤。此外，以上述例子中的學生來說，即使他按照老師的講法答題，他也不會因為老師的威脅而相信老師的講法。當某人以訴諸暴力的方式來支持他的理論時，多半是因為說不出正當的理由，只好以這種不講理的方式去代替說理而迫使我們接受。事實上，我們在此不會以為這種不講理的方式是正當的理由。因此，即使我們把這種方式稱為謬誤，這種謬誤亦不足以成為我們思想上的陷阱。換言之，面對一般訴諸暴力的謬誤，我們通常不會誤以為它是正確的論證，也不容易上它的當。這種情況就好像是有的人自以為「官大」而就「學問大」，但是我們並不會相信他真的是「官大學問大」。

五、訴諸憐憫的謬誤（the fallacy of appealing to pity）

當我們要他人接受某一看法時，如果我們並不直接提出足以支持此一看法的理由。反而要求別人出於同情或憐憫而接受此一看法，如此即屬訴諸憐憫的謬誤。

例如，一個家境貧苦而工作表現平庸的工人對老闆說：「我需要負擔一家老小的生活，而目前的薪水卻不能使我的家人得到起碼的溫飽，連老母親看病買藥的錢都沒著落，因此，我的薪水應該調高。」按理來說，一個人的薪水是否應該調高，不是依據他的需要，而是根據他的表現。依此，這位工人要求加薪時，應該提出他的工作表現來支持他的要求，而不是提出實際的需要。他之所以不如此做，乃因他明知在理上站不住腳，只好動之以情。

我一般稱上述的例子是一種訴諸憐憫的謬誤，但是，嚴格說來，它並不能算是一個論證，因此，也稱不上是一個謬誤。首先，不以理服人而動之以情，基本上就是一種「不講理」的方式，正如同不說之以理而脅之以力，同樣不是在講理。而論證的功能主要是在講理，提出理由以支持結論。其次，一般訴諸憐憫的論證，並不能算是論證，因爲其中的結論實際上是種請求，應屬一種祈使句，而祈使句是無所謂眞假的，而構成論證的語句必須是有眞假可言的。這點正如同在一般訴諸暴力的論證中的結論。最後，如果老闆眞的給工人加薪，我們也應該明白，老闆並不是認爲在理上這位工人應該加薪，而是在情上出於憐憫而同意工人的請求。換言之，老闆並沒有把工人提出的結論（「我的薪水應該調高」）當成一個有眞假可言的語句。否則，老闆也可以根據工人的工作表現而判定這句話是假的，如此即不應加薪。在此，老闆只是出於同情而加薪，並不代表他認爲工人的結論是眞的。正如一個陪審團的成員出於同情而對一個嫌疑犯投下「無罪票」，並不代表他眞的相信被告無罪，事實上，這也不表示他相信被告是有罪的。在此，他並不是在做眞假的判定，而是一種情感的表現。

懂得同情或憐憫，的確是人類高貴情操的表現。邏輯學之所以指出憐憫的謬誤，並不是要我們割棄這種高貴的情操，而是在於提醒我們，一個人是否值得同情，與他的看法之眞假，根本是兩件不相干的事。換言之，值得同情的人不一定就是擁有眞理的人。

六、訴諸未知的謬誤（the fallacy of appealing to ignorance）

這種謬誤的論證形式有兩種：

（一）沒有人證明（或是說，你沒有證明）p 是假的。因此，p 是眞的。

（二）沒有人證明（或是說，你沒有證明）p 是眞的。因此，p 是假的。

在人類尚未證明地球環繞太陽公轉之前，如果有人說：「由於無人證明地球繞著太陽轉，因此地球並不是繞著太陽轉。」這就是第二形式的訴諸未知的謬誤，其中的前提不能支持結論。人類對於「地球繞著太陽轉」提不出證明，並不代表「地球不繞著太陽轉」，事實上這是兩件不相干的事。

下面這個例子是第一形式的訴諸未知的謬誤。在十九世紀，有一位名叫霍爾的牧師，他提出一套名爲「實體論」的物理學說。依他的說法，所有的力量（像是重力）皆由粒子組成。在他主編的雜誌中，他不斷向當時的科學家挑戰，要求與他們論辯，但是科學家們全都拒絕了。最後霍爾說：「由於沒有人提出任何理由來反對我的理論，所以我的理論一定是眞的。」沒有人反對他的說法，並不代表他的說法是眞的，也不代表他的說法是假的；也就是說這個論證的前提與結論的眞假是不相干的。在這個事例中，當時的科學家只是認爲霍爾的理論過於荒謬而不願費事駁斥。

下述的例子亦犯了訴諸未知的謬誤：

（一）從未有人證明過沒有輪迴轉世，因此一定有輪迴轉世。

（二）從未有人證明過我的腦袋裡沒有一個不朽的靈魂，因此我一定有。

這兩個例子與前面的兩個例子有點不同之處。此處的證明似乎根本超出人類的能力，而不僅是尙未證明者。即使對某些我們沒有能力證明其眞假的事情，我們也不能由此而推論其眞或假。簡言之，二者之間並不相干。

前面提過，同一個論證在某些情境下是謬誤的，可是在其他情境下則可能是正確的。例如，在法庭上，如果未能證明某人有罪，則可說此人無罪。雖然這種論證在形式上有如訴諸未知的謬誤，但實際上卻不是謬誤的論證，因爲法庭引用的原則是「寧縱勿枉」，在未證明有罪之前，即是無罪。事實上，這種法庭的論證應該加上一個前提作爲它預設的背景，如此，整個論證如下：

前提一：尙未證明某人有罪。

前提二（預設的背景）：如果尙未證明某人有罪，即可說他是無罪的。

結論：此人無罪。

同樣的，科學家有時也以未能找到的所需證明為由，而下結論說某一主張是假的。如果在這論證中加上一個前提最為預設的背景，即可成為正確的論證：

前提一：未能找到證據來證明某一主張是眞的。

前提二（預設的背景）：科學家們是這個領域的專家，如果有證據，他們一定找得到。

結論：這個主張是假的。

七、丐題的謬誤（the Fallacy of Begging Question）

這種謬誤的論證有兩種形式，而具有第二種形式的論證又叫做「循環論證」(circular argument)

（一）p 是眞的。

因此， p 是眞的。

（二）p 是眞的，乃因為 q 是眞的。

而 q 是眞的，乃因為 r 是眞的。

而 r 是眞的，乃因為 p 是眞的。

具有這兩種形式的論證一定是正確的論證，因為要肯定「p 為眞」，有什麼事比 p 本身更強的根據呢？因此，嚴格來說，這種論證不是謬誤的論證。但是，這種論證顯然有些不對勁的地方，而在談到謬誤時，總會提到它。它的問題在於：如果我們的興趣是為相信某一論證的結論提供理由，那麼，具有上述形式的論證是無用的。 p 本身並未提供我們根據說 p 為眞。不過，如果我們未察覺這種論證犯了丐題的謬誤，我們也可能會覺得這種論證頗有說服力。

下面的例子是第一種形式的丐題謬誤：

（一）由於鴉片有催眠性。

所以，吃了鴉片會想睡覺。

（二）整體來說，允許每個成員都能毫無約束的言論自由，對國家一定是有益的；因爲每一個成員都能夠毫無限制地自由表達感想，這樣對群體的利益有莫大的好處。

在此二例中，前提與結論講的是同一回事，雖然使用的字眼有異。在第一例中，「催眠」與「令人想睡覺」是同義語。在第二例中，「每個人都享有毫無約束的言論自由」與「每一個成員都能夠毫無限制地自由表達感想」是同義語，而「對國家有益」與「對群體有好處」亦屬同義。

循環理論基本上不過是第一種形式中比較複雜的實例，換言之，第一種形式是「p 是眞的，乃因爲 p」，而循環理論則在「p 是眞的」與「乃因爲 p」之間多加上一些步驟。以下列觀之：

（三）本教經典中的每一句話都是眞的，因爲它們都是上帝說的話。

我們知道本教經典是上帝的言語，因爲祖師如此說過。

我們可以相信祖師的話，因爲他是上帝的使者。

我們知道祖師是上帝的使者，因爲本教經典如此記載，而本教經典中的每一句話都是眞的。

這個論證正是上述第二形式的一個實例。簡單說來，即是根據「本教經典中的每一句話都是眞的」而推出同樣的語句，本質上亦屬丐題的謬誤。

丐題的謬誤，不論是簡單的形式或複雜的形式，基本的問題出在：一個論證的結論是有待支持與證成的，如果把需要證成的結論以不同的方式重述於前提之中，這樣一來，就是把需要證成的論點視爲當然而接受了。換言之，結論是有待討論的，而論證卻把有待討論的視爲理所當然。如此論證根本喪失它的功能。

不過，許多實際遇到的丐題謬誤並不容易看出，因爲，雖然前提不過是對結論的重述，但是一般都會以不同的重述方式加以掩飾。由於有這層掩飾，所以不易察覺其間的丐題，誤以爲是正確的論證。

以下述論證爲例：

（四）缺乏行動者意願的行動不應該被處罰。

非自願的行動是缺乏行動者意願的行動。

因此，非自願的行動不應該被處罰。

如果我們以 p 表示「缺乏行動者意願的行動」，以 q 表示「不應該被處罰的行動」，以 r 表示「非自願的行動」則上述論證的形式可表示如下：

所有的 p 是 q ，

所有的 r 是 p ，

因此，所有的 r 是 q 。

這是前面所提過的一種定言三段論，因此，此一論證是有效的。但是當我們對此論證中各命題的意涵加以反省時，我們就會發現這是一個丐題論證。稍加反省，即可發現，說「缺乏行動者意願的行動」實際上及等於說「非自願的行動」。如此，前提中的第一句話「缺乏行動者意願的行動不應該被處罰」，實際上即同等於結論所說的「非自願的行動不應該被處罰」。前提只是在重述結論，需要被證成的結論在前提中已先行加以肯定了。這種丐題論證雖然在論證形式是有效的，但不被接受。

八、複雜問題的謬誤（the fallacy of complex question）

在討論這種謬誤之前，我們應該先對「複雜問題」有所了解。表面看來，一個複雜問題只是一個單一的問題。但是在這種問題中，已先行預設了另一個問題的答案。換言之，它包含有不只一個的問題。而對此類問題的回答亦必先行預設另一個問題的答案，否則無從回答。例如，有人以下面的問題問妳：

（一）你不再殺人了嗎？

如果你沒有殺過人，你將不知如何回答這個問題，回答「是」也不行，回答「不是」也不行。恰當的回應之道就是說你從未殺過人，這樣的回應不是直接回答這個問題，也就是說這個問題根本不能成立。所以會有上述的可能狀況發生，乃是因爲（一）是一個複雜問題，它已預設你殺過人。換言之，在（一）這個問題中已預設了對下述問題的肯定回答：

（二）你殺過人嗎？

對（二）的回答是肯定的，（一）這個問題才能成立，否則，（一）不能成立。而當有人直接以（一）問你時，這表示他預設你對（二）的回答是肯定的，這就是一個複雜的問題。當然，此中的預設可能是錯的，這個複雜問題也可能因此而無法成立。

又如：

（三）你昨晚爲什麼又打太太？

這是一個複雜的問題，它預設了對下一個問題的肯定回答：

（四）你昨晚又打太太了嗎？

同樣，這也是個複雜的問題，它預設對下一個問題的肯定回答：

（五）你以前打過太太嗎？

這依然是個複雜問題，它預設了下一個問題的肯定回答：

（六）你有太太嗎？

此外，還有一種複雜問題，常令人難以回答，不過，如果我們能看穿其中是由兩個問題組成的，即可分成爲兩個問題分別回答，例如：「你是不是一個謹慎的懦夫？」我們或可回答說：「我是謹慎，但不是懦夫。」又如「你願不願意作個好人而借錢給我買衣服？」可回答說：「我願意作個好人，但我不願意借錢給你買衣服。」這些問題表面上只要求一個答案，事實上卻包含兩個問題，因此很難以一個答案回答。

由上面對複雜問題的討論可以看出複雜的誤導作用，因此有人會利用這種特性而把複雜問題用在論證中，例如：

你爲什麼又打太太呢？

可見你不是個好丈夫。

此處是以一個複雜問題開始，而引到一個結論。本來一個問題不能作爲前提，但是這個問題預設了一個肯定的陳述「你又打太太了」，故而實際上是以此肯定的陳述爲前提，但是如果此一預設不正確，則前提不存在，整個論證亦不成立。如此這個論證即是犯了複雜問題的謬誤。

九、起源解釋的謬誤（the genetic fallacy）

如果對某人持某一論點的起因加以說明，而後論辯說，由於這個說明是眞的，因此該一論點是假的，這樣就是犯了「起源解釋的謬誤」。這種論證之所以不正確，乃是因爲一個人持某一論點的起因與決定此一論點之眞假並不相干。

在許多狀況中，這種謬誤往往也是一種人身攻擊的謬誤，例如：王老闆最近在賣靈芝，他想到，如果大家相信經常食用靈芝可以增進健康、延年益壽，那麼他就可以大賺一筆。因此，他不斷向人鼓吹食用靈芝的好處。既然我們看穿了王老闆鼓吹好處的起因，他的說法當然是假的，靈芝根本對身體無益。你不能因爲王老闆想賺錢而賣靈芝就說靈芝不好。

這就是起源解釋的謬誤。簡單的說，一個人爲什麼說一個東西好，與這個東西本身是否眞的好並不相干。又如下例：

英哲穆勒的人類平等說可以當成神話而拋棄。我們都知道，穆勒是個天才，他的父親爲了不讓他驕傲自大，而告訴他說，如果一個人表現的能力比別人多，完全是因爲這個人受的教育比較多。

我們應該可以看出，縱使穆勒的父親這樣說過，而穆勒也是因此而主張人類平等說，但是這些不能成爲取消此一主張的理由。從最後這個例子可以看出有些學者亦常犯此種錯誤：

對原始部落的研究顯示，早期的人類有許多恐懼，像是恐懼疾病、恐懼被倒下的樹幹砸死、恐懼被野獸吞食。部落裡有些人告訴族人他們可以利用符咒或魔法驅逐這些危險，甚至可以祈求能力比這些危險大的精靈來保佑人們。後面這種方式是宗教的起源，因爲是上帝信仰的起源，而這起源不過是種種迷信，因此，有思想的人應該排斥宗教。

縱使此處對宗教起源的說明是正確的，但是並不表示宗教的信念應該去除。

簡言之，在起源解釋的謬誤中，往往以起源去解釋或評價某事，而後再說，由於起源有問題，因此應該否定此事。此外，在這種謬誤中，還有一種特殊的形態，即把某事與其起源等同爲一。例如「意識起源於神經的活動，因此，意識只不過是神經活動」。這種形態的起源解釋謬誤又稱爲「還原的謬誤」（the reductive fallacy）。

十、稻草人的謬誤（the fallacy of straw man）

人們在辯論過程中，往往會有意或無意地解釋對方的論點，如果誤解別人的論點，然後再將這個誤解的論點當作別人原先的論點加以駁斥，卻以爲自己駁斥了別人原先的論點，這就是「稻草人的謬誤」。換言之，被駁斥的不是眞人，而是自己假造的稻草人。

請看下面這個例子，李四駁斥張三而說：

張三說：「世上沒有奇蹟。」說這句話的人簡直是睜眼的瞎子。我猜想他從來沒有聽過電腦這回事，大概也不知道電視，更遑論太空梭了。這個時代根本是充滿奇蹟的時代，我隨手即可指出世間上千件的奇蹟。

依照李四的了解，「奇蹟」是指一些非凡的發明。依此了解，他舉出一些反例，成功地證明「世上沒有奇蹟」這句話是假的。但是，這種了解是張三的本意嗎？也許張三指的「奇蹟」是那些違反自然法則的事，或是那些不依自然法則而由超自然的力量所造成的事。如此一來，李四提出的例子及其論點乃是不相干的了。

在以下列觀之：

貧窮是共產主義的溫床嗎？是否人民吃飽飯就可以遏止共產主義呢？一位美國參議員對這兩個問題的回答都是否定的，而他所持的理由如下：

（一）「大家應該知道，美國也有一些窮人，他們並沒有參加或支持共產黨。」

（二）「有人以爲貧窮是共產主義的溫床，而飢餓使人加入共產黨。不過，我要指出，前蘇俄沒有一個共產黨員是處於飢餓中。有數百萬的共產黨員，他們都是特權階級，以千萬計的人民卻處於飢餓中，但他們反而是被共產黨員壓迫的窮人。」

也許這位參議員的結論是對的，亦即貧窮並非共產主義的溫床，但是他提出的理由卻與此不相干。第一個理由所駁斥的觀點事實上是：「如果某人是貧窮的，則他是共產黨員。」第二個理由所駁斥的觀點是：「如果某人是共產黨員，則他是貧窮的。」這兩個觀點都不包含在「貧窮是共產主義的溫床」這個看法中。

又如下例：

（A）我們知道，共產主義的興起至少部分歸因於教會的失敗。尤其十九世紀的基督教未能回應現代工業社會的緊急問題，而迫使廣大的群衆向別處尋求救贖及人生的意義：基督教的失敗所造成的精神眞空由共產主義乘虛而入，以致坐大。

（B）上面這種常見的說法會導出一些奇怪的結論。美國、荷蘭、北歐諸國甚至英國，似乎是那些唯一免於共產主義污染的國家；那麼，我們是不是該下結論說：在這些國家裡，基督教特別有勢力，而在義大利與法國則是基督教式微，而共產主義盛行呢？

（B）欲駁斥（A），而（A）的大意是說，如果宗教能夠滿足社會大眾對救贖與人生意義的需要，則共產主義不會起來。在（B）中，我們可以看到一些駁斥（A）的理由，但是（B）誤以爲下面兩個陳述是（A）所蘊涵的：（1）在一個國家中如果沒有共產主義，則有強大的教會。（2）在一個國家中，如果有強大的教會，則沒有共產主義。於是（B）舉出一些對此兩個陳述的反例：英國、荷蘭等國沒有共產主義，但也沒有強大的教會，而義大利與法國有強大的教會，但也有共產主義。透過此二反例而駁斥了上面兩個陳述，如果這兩個論述可由（A）推論出來，則 A 亦因此而被駁斥。但是（1）與（2）並不能由（A）推出，因此，（B）對（1）與（2）的駁斥，以及其中舉出的反例、理由，皆與（A）不相干。

簡言之，在稻草人的謬誤中，我們把對手的主張加以錯誤解釋，而解釋得比較容易攻擊，或是只攻擊對手較弱的部分，而故意忽略其較強的部分。就後面這種方式而言，與後面提到的「偏頗辯護的謬誤」有類似之處。

第三節　證據不足的實質謬誤

在這類謬誤的論證中，前提所說的理由與證據並非與結論不相干，而是提供的支持不夠堅強。這類謬誤多屬歸納邏輯中的錯誤，故又有人稱之為「歸納的謬誤」。

一、假因的謬誤（the fallacy of false cause）

具有下述形式的論證往往是不正確的論證：

當 A 發生時， B 亦發生。

因此， A 是 B 的原因。

在此論證中，前提並非支持結論的良好理由。這個謬誤的拉丁文全稱是 post hoc erog propter hoc ，意即在此之後，故此為原因；因此一般也稱之為假因的謬誤。

且以下段故事為例：

巴布森曾因預測到股市大崩盤而聞名，當他羅患肺結核後，他並未聽從醫生的勸告留在西部，反而回到東部麻省家鄉。在整個寒冬中，他把窗戶打開，讓冷風灌入。後來他痊癒了，並且認為應該歸功於新鮮的空氣。根據他的說法，來自松樹林間的空氣具有驚人的醫療效用。

巴布森在此的推論如下：

當我到麻省過完寒冬後，我的肺結核痊癒了。

因此，麻省寒冬的特性是使我肺結核痊癒的原因。

這個論證是不正確的，因為其前提不能成為肯定結論的良好根據。

曾經有位醫生認爲牛奶對孩童有益，卻對成人有害，不但會引起感冒、結腸炎等疾病，更會致癌。他所根據的一個理由是，在威斯康辛州，牛奶的飲用量大於其他州，而死於癌症的比率也高於其他州，因此他推斷說，飲用牛奶是致癌的原因。這顯然是假因的謬誤。我們不能僅根據某事的發生在另一事的發生之前，即論斷前者爲後者發生的原因。

正確的因果關係，必須藉著科學的方法，透過觀察、實驗而歸納出來。單憑少數幾次的經驗及加以判定因果關係，可能會把巧合當成通則。由此而做出的結論，當然在證據上顯得過於薄弱。

二、偏頗辯護的謬誤（the fallacy of special pleading）

我們經常可以發現，對於一個主張，往往會有支持它的理由，也會有反對它的一些理由。當某人認爲這樣的一個主張辯護只提出那些支持主張的理由，卻忽略那些反對的理由，則他犯了「偏頗辯護的謬誤」，又可稱爲「隱瞞證據的謬誤」（the fallacy of suppressed evidence）

下面的論證即是一個實例：

我們應該在離島設置合法化的賭博專業區，理由有三：首先，這樣會增加大量稅收；其次，可吸引觀光客前往離島消費，而增進當地繁榮；最後，這種作法惠而不費，只要通過幾條法令即可，屆時自然會有人去投資、興建。

又如下例亦犯此種謬誤，固然其中提到的理由可能都是眞的，但被提出都是關於宗教壞的一面，而好的一面則完全不提：

所有的宗教都摻雜有許多迷信的成分，而有些聰明人利用宗教達到他們私人的目的，甚至因此而阻撓社會的改革與科學的進步。因此，宗教沒有價值。這樣的立論顯然偏頗，且隱瞞另一面的事實。

三、以全概偏的謬誤（the fallacy of accident）

這種謬誤亦可譯爲「偶然的謬誤」。由經驗歸納出來的通則，雖然多以全稱命題的形式表達，但是實際上並不表示它一定能應用到所有的事例上。如果我們根據這個通則，而論斷所有的事例都是如此，即犯了「以全概偏的謬誤」。此處忽略或排斥偶然的例外，而過度擴張了歸納通則的功能，也可以說是把或然當成了必然。

例如，我們由人際交往的實例中，歸納出一個通則：「有借有還，再借不難」。事實上，這個通則只能說明大多數的情況，它並未排斥偶然的例外。但是，如果有人根據這條通則說：「因爲去年向張三借的錢已經還了，因此今天再向張三借錢一定不難借到。」那麼，他就犯了以全概偏的謬誤，因爲今天可能就出現個案例外。

如果我們根據這種以全概偏的想法，再加上一些統計的數據，則可發展出這種謬誤的一種特殊形態，亦即「賭徒的謬誤」（the gamebler's fallacy）。以下的兩個例子均犯了此種謬誤：

（一）這個賭徒已經連續出現過十次大，所以這一次一定出小。

（二）這家航空公司已經十年沒有出事了，因此最近很快就會有意外發生。

在賭徒的謬誤中根本違背了概率統計的一個基本前提，亦即，每一個個別的事件都獨立於以前發生的事件。也就是說，無論以前發生過多少同類的事件，每一個事件發生的機率都是一樣的。以賭檯出現大小的機率而言，不論以前出現過多少次的大，下一次出現大與出現小的機率是一樣的。

有一個「九死一生」的笑話，即反映出這種賭徒的謬誤。醫生對剛進門的病人說：「你眞幸運。根據我過去開刀的經驗，你這種情況成功的機會是十分之一，而我已經連續開死了九個人，因此這次的開刀一定會成功」事實上，這位病人的機會仍然是十分之一。

四、以偏概全的謬誤（the fallacy of hasty generalization）

當我們發現一個群體中的某些成員具有某種性質，於是就論斷說這個群體的每一個成員都有一個成員都有此種性質，這樣的論證即屬「以偏概全的謬誤」。以統計學的詞語來說，下列兩種情況皆屬此類謬誤：

（一）從數量過少或數量上不具代表性的樣本（sample）推論到整個集團（population）。此類謬誤亦可稱爲「取樣過少的謬誤」（the fallacy of small sample）。

（二）從特別選取或性質上不具代表性的樣本推論到整個集團。此類謬誤亦稱爲「取樣偏頗的謬誤」（the fallacy of biased statistic）。

這兩種不正確的論證均屬常見者，下面幾個例子都是「取樣過少的謬誤」：

（一）客家人都很能吃苦耐勞，因爲我認識的幾個客家朋友就是如此。

（二）隔壁家的小寶原先好吃懶做，但是自從當兵之後，整個人好像脫胎換骨似的，因此每個年輕人都應該去當兵。

（三）想當年我身無分文來臺北打天下，到今天事業有成，所以妳們不要擔心創業之初資金的缺乏。

（四）唐朝出了個楊貴妃，一人得寵，全家富貴，「遂令天下父母心，不重生男重生女」。同理，中國人以前說「養兒防老」，今天應該改成「養女防老」，因爲，親戚們都知道的，二表叔的兒子從來不拿錢回家，倒是他的女兒不時地貼補。

上述的例子都是由少數樣本推論到整個集團，而樣本的數量與集團成員的數量卻不成比例，過於懸殊。由此可見此屬證據不足的謬誤。

在取樣時，除了數量不能過少之外，尚須注意取樣是否集中於集團的某一特殊部分或是否遺漏了某一特殊部分。否則，很容易墜入「取樣偏頗的謬誤」。1936 年在美國總統大選時，就發生過一個活生生的例子。當時羅斯福尋求連任而爲他的「新政」辯護，對手蘭登喊出的口號則是「保護美國傳統」。當時有一家暢銷的雜誌《文學文摘》做的民意調查顯示蘭登會當選，但是結果是羅斯福贏得一次歷史上空前的壓倒性勝利。民意調查出了什麼問題呢？《文學文摘》發出一千萬份的問卷，收回了兩百五十萬份，因此並不屬於取樣過少的謬誤。不過，問卷寄出的名單是根據電話用戶及汽車用戶的名單，而當時有九百萬的失業者，他們不在這些名單上，而這些人對「新政」較有好感。日後的研究顯示，電話用戶有近六成支持蘭登，而靠救濟金過活的人則只有不到兩成的人支持他。因此，《文學文摘》顯然誤蹈了「取樣偏頗的謬誤」。

以偏概全的謬誤除了如上述「由少數推論到全體」的形態之外，還有「由少數推論到大部分」的形態。在日常生活中，比較謹慎的人會用後面這種形態（雖然這仍可能是以偏概全的謬誤），但是許多人爲了強調起見，即使他知道使用前面那種形態過於武斷，卻依然使用。像是：「天下烏鴉一般黑」、「男人沒有一個好東西」，都是以偏概全的說法。

最後，必須提醒一點，在歸納法中我們常會由一些事例推論到一個全稱的結論，不過由於其間需要遵守一些規則，而消減了證據不足的弊病。

五、錯誤類比的謬誤（the fallacy pf false analogy）

類比，即是指出兩個事物間的相似之處。例如，「他的動作像猴子一樣敏捷」。在此，可以看出，類比的作用主要在於形容、說明。但是我們也常根據類比而進行推論，因爲我們相信，如果兩個事物在許多方面都是相似的，則它們在其他方面也很可能是相似的。詳細說來，類比論證的形式如下：

由於我們已知 X 與 Y 在 abc 方面都相似，因此，它們很可能在其他方面： mno ，也是相似的。如果我們知道 X 在其他方面的特性，我們即可推論， Y 在這些方面也具有類似的特性。

在這種論證中，前提與結論的關聯程度只具有歸納的強度。當已知的相似之處愈多，對未知的相似之推論極愈可靠。如果只根據少數的相似之處而進行推論，則類比的前提不足支持結論，如此的論證即成爲「錯誤類比的謬誤」，或簡稱爲「類比的謬誤」。這種謬誤的發生往往出生於人們只根據兩個事物間少數的相似之處而建構類比論證，卻忽略兩者可能有更多不同之處。以下述論證爲例：

救護車及警車在趕路時可以闖紅燈。

因此，我在趕路時，也應該可以闖紅燈。

在此，只注意「趕路」這一點相似性，卻忽略其他更多的差異。也可說是只根據少數的證據及進行推論，因此屬於證據不足的謬誤。

第四節　歧義的謬誤

在我們日常使用的語言中，大多數的字詞都是一字多義的，我們隨手可從字典翻出一些例子。例如，「辭海」對「輕」字的解釋：「 重之對也。小也，淺薄也。易也。賤也。未甚之辭。音低曰輕。鄙夷也。化學元素之氫通常名曰輕氣，有時簡稱輕。」同樣的一個字可以用來表達多種意義，顯然，這是個多義字。

但是，多義並不等於歧義（ambiguity）。所謂「歧義」是指，當一個多義的字詞被使用時，我們無法由使用的情境及上下的脈絡中判斷此處所指究竟是其多義中的哪一種意義。

例如，「狐狸」是個多義的字詞，這個字詞可以指某種長尾巴的動物，也可以引申而指性格狡猾的人。當我們在山林中打獵時，同伴指著前方說：「那是一隻狐狸。」儘管此處使用的「狐狸」一詞是多義的，卻毫無歧義的危險。因爲我們在當時的情境中，不會誤以爲同伴說的是人。同樣的，在商場談判的會場中，妳輕輕向鄰座說：「那是一隻狐狸。」他也不會誤以爲有一隻野生動物跑進了會場。但是在某些情境中，我們不容易分辨出這句話到底指的是人還是獸，如此及造成了歧義。同樣的，要了解一個文句，必須知道上下文的脈絡，如果脈絡不清楚，或根本沒有上下文而只是孤零零的一句話，即很容易造成了歧義。

因此，一個多義的字詞有可能是歧義的，也有可能不是歧義的，是或不是，全看使用的情境而定。因此，有的學者強調，我們不應該說某一字詞是歧義的，而應該說某一字詞被歧義地使用，或是說某一字詞在使用中造成歧義。

字詞會造成歧義，同樣地，語句也會造成歧義。造成語句歧義的情況大可分為二類：

（一）由於語句中的字詞有歧義，而造成語句的歧義；這種歧義稱為「語意的歧義」（semantical ambiguity），上面所說的「那是一隻狐狸」即為一例。

（二）組成語句的字詞皆無歧義，但由於字詞排列的次序（亦即語法結構）而造成語句的歧義，這種歧義稱為「語法的歧義」（syntactical ambiguity）。以下即舉殷海光教授在「邏輯新引」中提到的例子說明此點。

看相先生為某人下了一個斷語：「父在母先亡」這個語句中的每一個字都沒有歧義，但是這些字合在一起卻造成這個有歧義的語句。這句話可以用來表示下列幾種意義，而我們卻無法分辨看相先生說的是哪一種：

（一）假設父母雙存，則「父在母先亡」可能是指「父親將會比母親先過世」

（二）同樣假設父母雙存，則「父在母先亡」亦可能指「父親仍在世時，母親就會過世」。

（三）假設父母雙亡，則「父在母先亡」可能是指「父親在母親過世之先，即已亡故」。

（四）同樣假設父母雙亡，則「父在母先亡」亦可能指「當父親尚健在時，母親即已過世」。

（五）假設父母一存一亡，則「父在母先亡」可能是指「父親仍在人間，而母親卻先過世了」

（六）同樣假設父母一存一亡，則「父在母先亡」亦可能指「父親已在母親之先亡故了」。

因此，「父在母先亡」顯然是個歧義的語句，它可以表示上述六種意義，而我們不知道哪一種才是看相先生的意思。這種語句造成的即是語法的歧義。

如果一個論證包含了容易造成歧義的字詞或語句，則此論證亦容易造成歧義。有時候，一個不正確的論證由於歧義的使用而使我們容易誤以為它是正確的，則此論證即屬於「歧義的論證」。以下分別說明幾種歧義的謬誤。

一、一詞多義的謬誤（the fallacy of equivocation）

當一個字詞使用在某一脈絡中而具有不同的意義，即可說它是被多義地使用。如果在一個論證中，同一個字詞被用來表示不同的意義，而整個論證的正確性卻需要依靠這個字詞保持一貫的意義，如此的論證及產生「一詞多義的謬誤」。例如：

（一）狐狸的皮做成的大衣很暖和。

老李是隻狐狸。

因此，老李的皮可以做成暖和的大衣。

（二）女人在創造方面是優於男人的，因為男人只能創造藝術、哲學、科學而女人在此之外，還能創造生命。

在第一個論證中，「狐狸」一詞出現兩次，除非這兩次出現的意義一貫，否則，這個論證不會是正確的。如果第一次出現的「狐狸」指的是有厚毛皮的四足動物，而第二次出現的「狐狸」指的亦是相同的意義，則此論證是正確的。如果第一次出現的「狐狸」指的是那種四足動物，而第二次出現的「狐狸」是指性格狡猾的人，則同一字詞在此論證中的出現有不同的意義，這個論證之所以不正確，正是由於字詞歧義的使用，亦即一詞多義的謬誤。

在第二個論證中，「創造」一詞出現三次，說到女人的「創造」，指的是「生產幼兒」，這與說到男人「創造」藝術在詞義上不同。這個不正確的論證亦屬一詞多義的謬誤。

又以下述論證爲例：

（三）不要跟很會計算的人交朋友。

小華的算術是全班最好的，他很會計算。

因此，不要跟小華做朋友。

在第一句出現的「很會計算」是指「工於心計」或「錙銖必較」，而第二句的「很會計算」則指「算術很好」。因此，這個論證屬於一詞多義的謬誤。

二、分割的謬誤與組合的謬誤（the division and composition fallacies）

在此提到的這兩種謬誤也可算是一詞多義的謬誤。

如果有一論證主張對全體爲眞者，對其分開的各部分亦爲眞，則此論證即屬「分割的謬誤」（the fallacy of division）。下述即爲一例：

（一）冰淇淋是甜的。

因此，冰淇淋的製造原料都是甜的。

此處的前提並不足支持結論。例如，鹽是製造冰淇淋的原料之一，鹽就不是甜的。

又如下面這些論證皆犯了此類謬誤：

（二）美國是個富有的國家。

湯姆是美國人。

因此，湯姆是富有的。

（三）X 大學培養出來的大學生是全國最優秀的。

C 君甫自 X 大學畢業。

因此， C 君必定是很優秀的。

在此，我們可以看出這種謬誤何以被歸類爲歧義的謬誤，因爲其中涉及意義的誤解。此外，如果一個論證對各部分爲眞者推論到全體系亦爲眞，則爲「組合的謬誤」（the fallacy of composition）。

然而，必須注意兩件事情。首先，「組合的謬誤」不同於「以偏概全的謬誤」，前者是由整體中的「每一個」成員推論到整體，而後者是由「某些」成員推論到全體。其次，並不是所有「分割」或「組合」的論證都是謬誤的，有時候也可能是正確的，如下述二例：

（四）這是一部全新的車。

因此，這部車的每一部分都是全新的。

（五）班上每一位同學都敬愛師長。

因此，全班都敬愛導師。

三、語法歧義的謬誤（the fallacy of syntactical ambiguity）

前面提到一個字詞的歧義使用，當這樣的字詞出現在一個語句中時，這個語句即受影響而容許不同的解釋，我們可以稱這種語句爲歧義的語句。除了歧義的字詞會造成歧義的語句之外，不良的文法結構也可能造成歧義的語句，爲了分別起見，我們可以稱前一種語句爲字詞歧義的語句，而後面這種則稱爲語法歧義的語句。例如，「他這個人，有錢就是大爺。」這句話可以解釋成「他有了錢以爲自己是大爺」，也可以解釋成「他把有錢人當大爺」。這個句子中，沒有任何一個字詞是歧義的，而此語句之容許不同的解釋，乃是由於語句結構的問題，故爲一種語法歧義的語句。

如果在一個論證中出現有語法歧義的語句，而此論證的正確性需要依靠該語句保持同一個意義，那麼，當此語句出現在論證中卻帶有不同的意義時，這整個論證及犯了「語法歧義的謬誤」。

舉例言之，我們可以用上述的例句爲前提而形成下述論證：

李四這個人，有錢就是大爺。

張三是有錢人。

因此李四必定尊奉張三爲大爺。

在此，「有錢就是大爺」是個語法歧義的語句，如果把這句話解釋成「李四把有錢人奉爲大爺」，則此論正是正確的。但是，如果解釋成「李四有了錢，就以爲自己是大爺」，則此論正式不正確的。因此，這個論證犯了語法歧義的謬誤。

四、語氣強調的謬誤（the fallacy of accent）

同樣的一句話，在不同的字詞上加強語氣，可能會使這句話表現不同的意思。在文字表現時，我們可以運用引號或黑體字等方式來表示氣的強調。例如，「這間屋子沒有很多武俠小說」，如果強調「這間屋子」，則似乎表示這間沒有而別間卻有。如果強調「很多」，則似乎表示沒有很多但是有一些。如果強調「武俠」，則似乎表示沒有武俠但有別種小說。

如果我們利用語氣的強調而改變語句的意義，並將此語氣加強的語句用來作為論證的基礎，如此形容的論證即屬「語氣強調的謬誤」。例如：

這間屋子一本武俠小說都找不到，而他居然說，這間屋子沒有「很多」武俠小說，顯然是在說謊。

這就是利用語氣的加強而改變原句的意義，由此而來的推論是不正確的。

在此，我們還要提到「斷章取義的謬誤」(the fallacy of misleading context)。這種謬誤的許多例子可被視為「實質的謬誤」，但也經常被歸類為「語氣強調的謬誤」（換言之，亦即屬於歧義的謬誤）因為斷章取義的方式也是強調某一段文字而忽略其上下文的脈絡。

當一句話它從未發生的脈絡中抽離出來後，有時會使人了解不同的意思。如果我們根據這種使人誤解的語句來進行推論，即屬斷章取義的謬誤。假設有位名影評人挖苦一部電影說：「除了差勁的演員、無聊的劇本、低劣的攝影之外，這部電影可以說沒有缺點。」而電影宣傳卻斷章取義地只引用後半句，如果進一步使用這後半句來推論，就可能形成下述的斷章取義的謬誤：

名影評人說：「這部電影可以說沒有缺點。」

因此，這部電影值得一看。

當然，斷章取義的謬誤有時也類似前面提過的「偏頗辯護的謬誤」。下面就是一個實例。美國在六〇年代初期有許多記者撰文呼籲政府應該採取直接的行動把卡斯楚政權趕出古巴，而他們引用門羅主義來支持他們的主張。他們引用的文字大意是，歐洲勢力之介入美洲將被視爲對美國不友善的舉動。但是如果有人肯去翻查1823年提出的門羅主義全文，他將會發現，門羅主義不但主張歐洲勢力不應介入美洲，它也保證美國不會介入歐洲的事務。但是那些記者只是根據半句做推論，而從不提後半句；或許他們認爲只提前半句而忽略後半句較能支持他們的主張，但是，這樣的作法顯然已是一種斷章取義的謬誤，也可說是一種偏頗辯護的例子。此例的斷章取義謬誤較爲適合歸類實質的謬誤，而前一個例子則較適合歸類爲歧義的謬誤。

在此，我們也可以看出，以上所說的各種歧義，只是一種說明的方便。在現實的事例中，也許我們會遇到一些很難歸類的謬誤論證，也許一個論證同時犯了幾種謬誤。理論的說明總是有其限制，畢竟，現實乃是萬象紛紜的。

第五章
辯論與邏輯

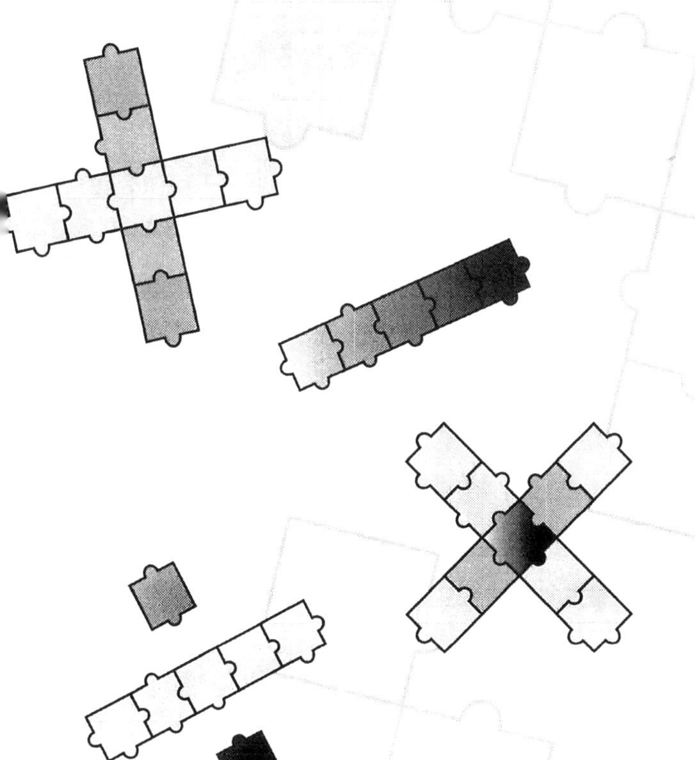

第一節　辯士的素養

一個有心學習辯論術的人，了解辯論原則之後，練習辯論技巧之前，必須先知道一個優秀的辯士所應具備的素養，在平常就朝這方面努力；這樣學起辯論術來才能夠輕鬆愉快；否則空知道一些原則，空習得幾項技巧，不但終究無濟於辯論術，甚至產生游談無根的弊病。本章擬就辯士的素養，逐一加以介紹，以便有心人平日有個努力的目標和方向。

一、明確的表達能力

辯論活動固能訓練一個人的表達能力；但是要成爲一個優秀的辯士，非有明確的表達能力不可。

表達能力是把自已的所知所想，用具體的溝通媒介，完整的向他人傳導移植能力。一般常用的表達媒介是語言文字；而辯論是當面演述論證的，所以這裡所講的表達，乃專指口語表達能力而言；至於用文字表達能力來闡明論述而尋求眞理的則爲筆戰，本章略而不論。

口語表達能力的要求是清楚、明白、有力、動聽。一字一字說完以後，使人聽得懂，不使人產生誤會，是表達清楚的要求；這句話說了以後，別人一聽就懂，而且能夠作適當的反應，那是明白的要求；一句使人聽懂以後，在心裡能形成一股力量，進而影響判斷或行爲，這是有力的要求；只要別人聽了這句話，就如著了魔一般，非繼續聽下去不可，而且聽完以後，在心理上、情操上會引起相當激動的，就是動聽。本來清楚明白是口頭表達的消極標準，而有力動聽是口頭表達的積極標準。在辯論的時候，除了一般清楚明白有力動聽以外，更需要明確的條件。

明確本來是明白確實，在這兒我們則比較偏重於短時間就使人確實明白而確信不疑。

每當一場辯論會進行之際，雙方的時間有相當的限制，既不能超過預計時間，又必須把己方論點做確切而有效的說明，就不能不採用明確的語言了。一般最明確的語言，應該像值星官報告人數一樣；但是值星官報告人數的內容很簡單，可以三句話就完全說完，也不見得有什麼困難；辯論所要說的話，內容多而且相當雜，必須立刻將許多雜亂的資料，整理出一套清楚的系統條理，然後選用最簡單而明確的句子，確切的表達出來，使別人一聽就懂，而且由於資料排列有序，證據明確，一下子就能領會而深信不疑，終於在心裡產生相當的影響力，達成了有力而動聽的目的。

這種明確的口語表達力要怎樣培養呢？最通常的方法，是三、五人為一組，常練習限時嚴格的機智演說。三、五人聚在一起，分別寫個必須說明或證明的論點，把紙條捲成筒狀，然後投入一個事先備妥的牛皮紙封袋中。每個要講話的人，從袋中摸出一條紙條，就照紙條上所說的，立刻講三分鐘的話；兩分五十秒預告一次，三分正預告第二次，三分十秒一定要停上講話。這種嚴格的機智演說練習，不可能在短時間內只練習幾次就生效，必須連續幾個月，連續練習幾十次（最好每兩三天一次），才能夠看出明顯的效果——組織能力增強了，控制時間的能力也增強了，把握要點適度發揮的能力更增強了——這樣才算具備了明確的表達能力；將來在辯論會上，才能夠運用適當的技巧，根據有效的原則，去完成辯論的預期目標。

二、嚴密的思維訓練

辯論會中的一切推論，都必須根據邏輯的法則，要駁斥別人的駁論，也要根據邏輯的法則；要找出別人的謬誤，更要靠邏輯的法則。只有具備深厚的邏輯基礎，受過嚴密的思維訓練的人，才能夠在辯論的過程中，確實分辨出哪一項是眞的，哪一項是假的。

一般所說的邏輯法則，可分爲歸納與演繹兩大方式；一場辯論會中，常用演繹法來說明自己的論點，也用演繹法來指斥對方的過失。演繹法的基本推理是三段式；那麼在大詞中詞小詞，在大前提小前提與結論之間，其爲全稱偏稱命題，都必須仔細研判；尤其辯論會的現場，要一面聽一面分析判斷；要一面想一面講，不可能有充裕的時間慢慢去摸索，所以非把其中判定眞僞的原則運用得十分純熟不可，就必須有嚴密的思維訓練了。

至於歸納的方式，常用以反駁對方；但是其中屬於完全歸納者少，運用不完全歸納者多；在不完全歸納的情況下，要用什麼條件加以輔佐，使別人能夠絕對的信服，除非受過嚴密的思維訓練，否則達不到預期的效果。

除了定言的三段推理以外，還有由因推果或由果推因的方式，也常在辯論時使用；在什麼情況下，可以由因之有推斷必有其果，由因之無推斷其果之必無；又在什麼情況下有其果則必有其因，無其果則必無其因；甚至其間爲眞因果關係或假因果關係，都必須很迅速的判定，絕非未受過嚴密思維訓練者所能辦得到的。例如在砂地上有三、五滴血點，再加上附近草堆有零亂的踐踏痕跡，樹下有一條尚有餘香的手帕，我們能說此處曾有血案發生嗎？這是「可能有可能沒有」還是「必定有」呢？究竟血點、亂草與手帕，都是血案的必然結果嗎？其間因果既非充足條件又非必要條件，要由果之必有推定原因之必定存在，實在毫無根據，但多少人不是那麼樣就相信了嗎？可見，要做一個優秀的辯士，非有嚴密的思維訓練不可。

思維訓練的另一功能是發現謬誤；因爲論證的是非眞僞，要以思維法則判定，凡是違背推理規則的，我們都不可以相信它。要對付詭辯的人，只有精研邏輯之後才能應付裕如，否則，他不論是語言文字上的錯誤，或是命題實質上的錯誤，我們只感覺不對，卻一時說不出其謬誤之所在，那麼明明知道該反駁，又要從何處駁起呢？一般我們常受騙於片面眞理、訴諸無知、訴諸人格、訴諸他惡、錯誤類比、以偏概全、不當排斥、假設前提、甚至於鬍子的謬誤，有時候多少人都信以爲眞。一個辯士不能明確的指出謬誤之所在，而使詭辯者達到目的，那還能夠算得上好的辯士嗎？

一個優秀的辯士，固然要讀過相當多邏輯方面的書，但是在他辯論的言辭中，卻不可常用邏輯學的專有名詞。許多人去聽辯論會之前，並沒有研究過邏輯學，假使辯士能將思維完全融會貫通，隨口就能用最簡明通俗的語句，或用最淺顯易懂的實例，證明自己的推論方式絕對正確，證實對方的推理過程犯了謬誤過失，這絕非看了幾本邏輯導論就辦得到的。所以，好的辯士的素養之一，就是嚴密的思維訓練，而不是記誦許多邏輯學的專有名詞去唬人。

三、廣闊的知識層面

辯論會進行過程中，必須蒐集許許多多的知識，也不能夠一無所知；因爲對方究竟要用哪些知識，實在無法事先預知，所以要做一個辯士，就必須在平時擴大閱讀的領域，保有廣闊的知識層面。

有人認爲蒐集資料的過程，可以假手參謀人員；但是，就算一切資料都由參謀人員負起了蒐集的工作，辯士仍需要在短時間閱讀一切資料，而且要深入去研究這些資料，加以深刻的了解、融會貫通，然後才能夠據以寫出辯論詞。一個人在短時間要閱讀一大批資料而求其融會貫通，幾乎是一件不可能的事，除非他平時對這類問題已具備相當多的常識。所以，不要說沒有廣大參謀團的辯士要有廣闊的知識層面，就算參謀團能夠負起蒐集資料的任務，辯士也不能沒有廣博的常識。

辯論題目本來必須考慮能辯性，使辯士對辯題不致一無所知；但是辯題另一條件是可聽性；凡是大家熱門的話題，只要有了可辯性，就可能選爲辯題。這時候，辯士對辯題不可以一無所知了。那麼將來社會上究竟有些什麼話題會熱門起來呢？誰也無法現在能夠預知，我們爲了減少屆時發生困難，現在就該擴大自己的知識領域了。

辯詞要編寫成功，除了立論正確資料豐富以外，必須能夠組合得很完美，必須有足夠的事例常識爲基礎，才能夠使修辭優美、舉例恰當，使大家易於信服。那麼這些事例常識又從何處獲得呢？只好平時擴大自己的知識層面了。

現在通行的詢問式辯論中，對方有權設計與辯題相關的問題，我們雖然在「非辯題所在」的題目，可因離題而不予理會，但是假使對方用些比喻類推的方式，其資料竟爲我們所陌生的，則一問而不知，不但將被聽衆看輕，而且無從答辯起，空有巧妙的辯論謀略、高明的辯論技術，卻苦於沒有話可說，那也只好徒呼奈何了。

辯論會的聽衆也是三教九流無所不有的，我們所舉的例證，必須是聽衆能確切了解的才能夠生效；所以在農人面前辯論要舉田園作物爲例，在工人面前要談各種工匠生涯爲例，在商人面前要舉買賣賺賠的事情爲例，那麼一個辯士就要上知天文、下知地理，人情事故、文學藝術、科學生化，無一不知才能夠對付裕如了。因此，一個優良辯士的素養之一，是廣闊的知識層面。

四、熟練的心理揣摩

人之相知，貴相知心。平常談話的時候，能夠了解對方的心思心性，則可以掌握會談的情緒，以達成會談的目的。我們要成爲一個優秀的辯士，非有「熟練心理揣摩」的素養，以期完全掌握別人的心思不可。

心理學，是研究人心之感覺、情意、欲望等各種現象的學術，是研究個體行爲的科學；舉凡人類一切適應環境而採取的任何活動，都有其心理上必然的根據存在著，假使我們能深入的去研究心理學，那就能夠預測出一個人在某一環境下遇到特別的甲刺激，必有特別的乙反應，也就可以很熟練的揣摩出別人的心理而影響其行爲。

辯論的目的，不論說它是說服或是意見的溝通，總離不開要影響一個人的行爲；既要達到對別人行爲上產生影響力，則事先懂得其心理，運用心理學的原則，比較容易達成預期目標。

心理學中研究個體的動機，以期能夠運用外誘方式來控制行爲。辯論時，對方的思路想法，是一種活動；我們該用什麼刺激，提出什麼資料去「外誘」他，以導出預期的動機，使對方的一切想法說法都受我控制，使我們可以居於導演的地位，像孟子之於齊宣王一樣呢？只有心理學能給我們答案，幫助我們贏得辯論。

心理學又研究人的情緒，不但了解各種情緒的產生及其作用，而且講究怎樣去製造情緒、利用情緒。假使辯論是爲了說服，則不受排斥的說服是透過感情以達到理智的說服；那麼進行感情說服的基礎在於了解情緒，我們就不能不研究心理學。

心理學上還研究人類的本能、智慧及學習的過程；一個辯士了解這些通則以後，那麼就可以用來誘導大衆的潛能，激起大衆的學習意願，引導大衆的學習過程，一步一步把大家認識不清的觀念認清了，把事先沒有的觀念移植成功了。

因爲研究心理學，具備熟練的心理揣摩能力，對於辯論有許多方便的地方；所以一個優秀的辯士，應該有「熟練的心理揣摩」的素養。

五、敏銳的反應能力

辯論之所以成爲辯論，是彼此當面的議論辯駁；而當面議論雖可事先準備辯論稿，實際上到辯論會上仍須因時因地因情緒而臨機應變。至於當面的辯駁，無論是要駁斥對方的謬誤，或是答辯對方的駁論；都是現場高度反應能力的表現。因此，一個辯士的基本能力就是這個臨場的反應能力。

在筆戰中，因為用以表達的工具不同，可以在稿紙上字斟句酌，可以一步一步慢慢去推敲；對別人的文章，也可以慢慢的分析，慢慢的研究。但是，在辯論會裡，從聽到對方言論到起而駁斥或批評，幾乎沒有間隔，等對方一說完，我們就必須立刻發言了；這種反應的能力，就不只要能作正確而有效的反應，而且是必須敏銳而迅捷的反應了。

尤其是詢問式的辯論，其中問答雙方更全憑敏銳的反應能力在競賽；假使是一場「夠水準」的比賽，雙方實力都不弱，加以準備也都充分，資料蒐集一樣完備，謀略設計縱然略有不同，但是是否能充分發揮其謀略的威力，能否達成預期的辯論效果，完全決定於敏銳的反應能力了。誰能在對方的百密一疏中，一下子看出對方的疏漏所在，而且迅捷的用有效的問題，向對方發動攻勢，誰就可立刻發揮打擊的威力。當對方選上了我們事先沒有仔細考慮的，甚至完全沒考慮過的問題時，怎樣予以答辯而不失立場，又怎樣去彌補缺陷，那也完全依賴敏銳的反應能力。又當對方以魚目混珠的方式企圖閃避，以言不由衷的言語企圖脫離現場題目時，怎樣擒拿對方，更靠敏銳的反應能力。所以，不論筆上論戰或口頭辯論，都必須有反應的能力；而演說式辯論中，必須當場駁斥答辯需要敏銳的反應能力；在詢問式辯論裡，不論發掘問題、答覆問題或防止對方故意規避，更需要敏銳的反應能力了。

但是，敏銳的反應能力，可以由平常的訓練而獲得嗎？這就與人類的學習能力一樣：唯上智與下愚不移。有些人天生就有高度的機智，所以不用訓練就具備敏銳的反應能力；另外有些人天生太愚鈍，很難訓練出足以應付辯論之需的反應能力；但所幸處於兩個極端的人不多，絕大多數的人，都可以由學習或訓練中增益其機智，使其反應能力更加敏銳而正確。我們如果想增進自己敏銳反應力，可從研讀、觀察、磨練三方面努力；書籍是知識的寶庫，它讓我們獲得許多前所不知的事物，也儲存著前人成敗興亡的記錄，我們在研讀書籍時，只要留意「博而能約」，能如杜甫「讀書破萬卷，下筆如有神」；再加上「學以致用」，使學用合一，那麼研讀書籍必可使自己反應敏捷而正確。至於觀察，是讀一本整個宇宙寫成的大書，孔子教我們「多聞，擇其善者而從之；多見而識之」。我們仔細觀察世人，知其短足以為戒，取其長足以為師：仔細觀察事物，知其演變之理，則可用為日後預測的參考；那麼反應能力不也就更會敏銳了嗎？至於磨練對機智的好處，正應了「不經一事，不長一智」的俗話；可是事事親身受磨練，不符合教育的原則；我們的磨練方法是以機智問答的方式、以彼此辯難磨牙的方式，或者實習演習的方式；在個體受相當保護的條件下，預先接受各種考驗鍛鍊，這是增進敏銳反應力的有效方法了。

請你不必奇怪：辯論會需要高度的機智，而辯論遊戲可以增益我們的機智（辯論遊戲包括辯論練習及辯論比賽）。

六、民主的開闊胸襟

民主本來是指國家主權屬於全國人民，由人民直接行使的政治方式；在民主的國家中，人人有權表達自己意見，也必須容忍與自己不相同的意見；所以把民主變為形容詞，就是不專斷獨裁、不排斥異己的意思；例如父母管教子女，如果採用尊重子女意見，適當滿足子女需求，鼓勵子女自動自發的，就是民主的管教方式。

辯論會之所以能夠存在，就在於民主；假使在獨裁政權下，一切施政以獨裁者的意見爲依歸，所有異於獨裁者的思想都必須根絕；那不但是不容許辯論會的存在，而是根本不會有不同的意見，根本不會有辯論的需要。辯論既然是屬於民主政治下的產物，那麼辯士也就非有民主的風度不可。

事實上我們都生活在民主的社會中，享受著人類生而平等及具有合理自由的民主生活；但是每個人都或多或少會自以爲是。也許是「推己及人」的本性吧！看見別人衣服穿得少了，就想「他怎麼不冷啊」，看見別人衣服穿多了，就想「他是生病了吧」，看見別人吃我們自己不想吃的東西，做些自己不以爲然的事情，就認爲那些人都是怪人。假使「與別人不同就是怪人」的定義成立的話，那麼我們這個民主自由的社會上，人人都是怪人了。民主社會之所以可貴，在於人人有合理的自由；只要不影響他人，自己愛做什麼就做什麼，不喜歡什麼就可以不要它，別人不得任意干涉；這就是民主的生活方式。

既然人人過著民主的生活方式，都不得任意去干涉別人；那麼看別人與自己不同又不順眼，要怎麼辦呢？只有用最寬闊的心胸去包容吧！「不排斥異己」本是民主的特質，而要使自己「不排除異己」，非有開闊的胸襟不可，這就是「民主的開闊胸襟」。

辯論會中是持不同意見者，各依共認的規則演述辯詞；每個人有發表自己意見的權力，他人不得橫加阻撓；這必須有民主的開闊胸襟，才能夠辦到。辯論會中要從對方演述的辯詞裡找漏洞，必須平心靜氣的聽對方講，假使沒有容人的雅量，可能聽了一半就氣得聽不下去了，那麼不是聽漏了話，就是會錯了意；其駁論的根據既不確實，則形同無的放矢，難以達成辯駁的效果。對於他人的攻擊駁斥，也必先耐著性子仔細聽完，才能夠把握對方辯論的要點，立刻加以答辯或評述。

一個優秀的辯士，一定要顯得公正而客觀；只有能包容對方的人，才能公正的承認對方的優點而加以採摭，以博得全場的信賴而贏得辯論。因此，民主的開闊胸襟，也是優秀辯士必備的素養之一。

第二節　辯論的技巧

「精誠所至，金石爲開」。一個人在具備辯士的素養，了解辯論的原則之後，只要一本誠心，應該可以不戰而勝；但是因爲世上有野心家，他們以詭辯之術顛倒黑白、欺騙衆人，所以會有「眞理必待雄辯而後明」的時候。我們爲了學習「辯論技巧」以防身自衛、闡揚眞理、維護公益，必須在研究實用的辯論戰術。本來辯論技巧從蒐集資料到定謀略、編綱要、寫辯詞、演述辯駁，處處有精妙的方法，但是本節從謀略設計及臨陣攻守兩方面加以介紹。

一、謀略設計的技巧

謀略是對於整場辯論的計畫，是作戰的指南針。其運用必須根據辯題及資料而定；一般常用者有左列各種：

（一）佈陣對壘

雙方依陣圖而佈陣對壘，是最常見的正規交戰法。正方主辯或一辯提出現狀中的缺點，說明其改革之必要性；繼以改革方案之合理性可行性，證明如此改革勢在必行。反方主辯或一辯則說明現狀並非百無一是，其缺點仍可補救，不必完全改革，且正方改革的主張也有缺點存在。正方二辯即在說明改革案之優點比現狀優點多，而反方改進缺點始終未見成效，可見仍是非改弦更張不可。反方二辯則認爲改革方案尚未施行已知其弊，則該方案非可行方案可知，目前現狀之優點既不可完全抹煞，則放棄既有之利，改取可見之弊；絕對不可行。像這樣，正方極力證明改革方案（辯題）之可行，並攻擊現狀缺點；反方則極力證明現狀的優點不可廢、缺點可補救而攻擊改革案仍不可行。雙方有如佈陣圖以固守，是爲佈陣對壘的戰術，一般評量辯題之「可辯性」，都以這種正規交戰法爲準。

（二）區域戰法

這是佈陣對壘再加上區域防守的戰術；設計之初分配了各人主要論點得其均衡後，即依理論先後次序排列出場，每個人用絕大多數時間去證明自己分配所得的論點，旨在開頭加了一段引言，末尾加上一段結語，把所有的論點用一句話加以總結。這種方法的優點是理論體系完整，各人只集中時間用在所分配論點的說明上，所以說明得詳細而徹底，陣容齊整而嚴密，使人難以找到攻擊的漏洞，但是由於各守各的防區，使用之際可能略欠靈活，用在初學者身上固然有效，用於能力較強的辯論隊，則反而覺得礙手礙腳。另一缺點是容易形成雙方各說各話、各守陣勢，沒有交戰的戰場，失去辯駁的機會。所以一般使用區域戰法，只能預期運用發言時間三分之二於此，其那三分之一另求交戰而決定勝負。

（三）反反方案

反方本來該反對改革案而維持現狀，及彌補現狀缺點只限於現狀得以維持下實施。但是有時候現狀實在是無法維持，而對方主張又不完美，所以反方也主張改革，只是其改革案易於正方而已。這等於使正方攻擊現狀的話，完全可以轉爲反方的話；那麼正方平白損失了一部分的論點，甚至於浪費一部分時間去攻擊現狀。同時，反方採取反反方案往往使正方措手不及，短時間內無從批駁其方案的缺點，那麼反方只要證明其方案比辯題（正方的主張）利益更大，就可以反對辯題而獲致辯論的效果。但是，這個新的改革必須與辯題有不相容的特色；否則，正方只要用「巴蛇吞象」術，就把反方的反反方案吃個屍骨無存了。

（四）畫龍點睛

這是辯論隊把某一重要的方案，保留在申論的最後一個機會再提出，以收出奇制勝，並因而隱藏自己的缺陷的一種好方法。正方本來該提出改革案，而且主要內容應定在題目上；但是有些題目沒有如此做，正方就可以把自己擬定的方案留待最後一人提出。反方如果用反對現狀的反反方案，但也不照常軌在反方一辯就提出，而只是攻擊辯題（正方主張）的缺點將其方案也待最後一人提出。因爲具體方案一說明，就可廓清原先辯場疑雲，像畫龍點睛即行破壁飛去一樣。這種謀略設計必須配合區域戰法，比較容易達成目的。但是對方如果及早逼迫，則說也不是，不說也不是，反而顯得進退維谷。只適用於設計的方案並非十全十美，要避免遭受太多攻擊時，可供隱藏之效。尤其正方能夠採行，在配合巴蛇呑象術，能逼得反方無立錐之地。

（五）巴蛇呑象

辯論的論點設計，把對方的所有優點可以包括在自己的論點中，而特別強調自己的論點爲對方所忽略，就像巴蛇吞象一樣（按山海經南海經，有「巴蛇吞象，三歲而出其骨」的典故）。例如有一次辯題爲「機車考照年齡應予提高」，雙方都主張改善交通，反方認爲改善交通的方法很多，可改善道路設備、嚴懲違規行車、加強教育宣導、徹底維護車輛等等。正方把這些方法都接納了，但就加上「提高考照年齡」一項，使得反方無法承認而窘態畢露。其優點在顯得很公正大方，表現出容人的雅量，深得聽衆的信任。缺點是運用不當或交代不清，變成替對方說話，反而失去自己的立場。

（六）擎天一柱

遇到本方的論點並不多，其有力量的論點只有一個，那麼就要用各種不同的角度來看這個辯點，使它像一根大柱子，單獨可以把整個屋頂撐住一樣。實際使用的情況，可以分別由情、理、法三面立論，可以從合理性、可行性、必要性三種角度來分析，可以從社會方面、家庭方面、國家方面、個人方面來闡明，也可以就歷史的觀點、生活的觀點、文化的觀點詳加研究；無論內容怎麼說或者牽涉到哪些輔佐的資料，其結論都只有一個，那麼把這些加以組合起來，使這唯一的論點，顯得更加堅定牢固，無論誰也搖不動推不倒，就如一柱擎天而天不墜了。

（七）涇渭分流

這是遇到雙題式的辯論題目，或是題目定義產生分歧的現象；誰也不希望採用對方的觀點或定義，只有在自己限定的範圍內，才能夠立穩理論基礎；爲了避免陷於泥沼，不得已只好自行其是；就像涇渭兩水，混則其水甚濁；渭本清而涇濁，兩河如果分流，則可清者自清，而濁者自濁了。一場辯論會中，假使雙方都採用了這種我行我素的謀略，不去攻城掠地，那會成為各說各話的演說比賽；但是，誰先越雷池，就將遭粉身碎骨的命運；而自己暫時在陣內等待時機，到了發現對方有了漏洞再出擊，仍不失為「知彼知己，百戰不殆；知天知地，勝乃可全」的上上謀略。

（八）孫臏賽馬

《史記》〈孫子吳起列傳〉：孫子曰：「今以君之下駟與彼上駟，取君上駟與彼中駟，取君中駟與彼下駟。」結果使田忌一負兩勝，終於贏得千金。我們在辯論比賽時，各隊的實力可能差不多，就可考慮使用這種謀略了。尤其是詢問式的辯論，各方三人是形成捉對廝殺的情況，那麼派個情況最差的人去對付最強的人，再用情況最好的一個對付對方次強者，用我方次強者對付對方最弱者。在彼強我弱的情況下，可能使對方得到較多的分數，但也有可能因為我方太弱而使對方專長無從發揮。另兩組都是我方實力略強，贏得那個回合，既足以彌補第一組所失去的分數而有餘，那麼我方勝算就多了。運用這種調兵遣將的謀略，必須有正確而靈活的情報，一辯論隊進入撰擬講稿期，次序就已定型了，所以保密工作必須多留意，以免讓對方有可乘之機。另外運用此法把自己人加以分級，容易造成內部失和，也必須特別留意預防。

（九）消去反駁

辯論時，先把對方的論點，分析成一系列的分支論點，設法先逐一推翻較次要的論點，最後留下一個對方最不利的論點，再施以全力總攻擊。或是把對方的主張，推定幾條應走路線，然後又一個一個的駁斥消去，當然也把攻擊力最強的一個放在最後。這種方法就像是數學上的「消去法」，一個一個的消去，到了最後剩下一個零。另外，還有人把所辯論的題旨，分析初各種解決方法，然後也逐一駁倒，只留下一個自己的主張，就用正面的證據加以證明，也算「消去反駁」之類。運用消去反駁的戰術，必須把可能情況羅列無遺，不得遺漏任何一項，否則對方可能由之而逃遁。另外，假使以殘餘爲正確的主張，仍必須有確實的證據來證明，否則對方也接著順勢一推，變成全部推倒的局面，就要白費氣力而一無所得了。

二、臨陣攻守技巧

臨陣攻守，是指辯論會上如何固守自己的論點，如何攻擊對方的論點而言，雖然有些仍須事先準備資料，但都只是局部的攻守，不是全盤的計畫。其常用的戰術，也分別說明如左：

（一）避實擊虛

「兵之形，避實而擊虛」，因爲對方極力防備的地方，我們不一定有突破的把握；與其攻堅而無所得，就不如攻弱而形成「積小勝爲大勝」的局面，來得妥當有效。例如反駁對方時，不必直接反駁對方的論點，只要分幾小段反駁對方比較疏忽的證據，找出證據中的例外情況，找出證據中的不確實處，或找出證據不足以證明論點的缺陷；那麼對方的論點，由於比較疏忽的證據有了偏頗，就可以挑起群衆的懷疑；使得對方縱然傾全力證明，實際上仍然沒有穩固基礎，結果整個論點都不推而自倒了。因爲辯論之際雙方面都已審愼的預備，在攻不進駁不倒的情況下，對我們一定造成損失，所以必須找對方疏忽處下手，不論其重要程度如何，只要攻進去了再設法加以擴大，那麼對方有漏洞的就要輸了。

（二）甕中捉鱉

這個戰術，又名「口袋戰法」。事先佈置好了陷阱，引誘對方進入口袋之中，然後一舉加以擒服。最明顯的是使用兩端論法，陷對方於進退兩難的窘境。例如陳賈與孟子辯論時，陳賈先問「周公何人也？」，孟子答以「古聖人也。」再追問「使管叔監殷，管叔以殷畔也，有諸？」孟子對這史實無法否認，只能答「然」了。這時，陳賈就把孟子引入了「知而使之是不仁也，不知而使之是不智也」的陷阱邊了，這是最有名的甕中捉鱉實例。但是，運用這種戰術，必須只有兩擇，對方沒有別的路可走；其次，更要使對方走哪一條路都不利，否則像孟子以「不知」而逃於兄弟不相疑，陳賈的心機終於白費了。

（三）貍貓戲鼠

當對方犯了錯誤，可予以致命的一擊之前；先故意再放鬆一下，使大家看清楚對方的行蹤，再發動攻勢。就像一隻貓捉住了老鼠，不是立刻吃個屍骨無存，而是故意放開一下，讓老鼠跑幾步再把牠捉回一樣。因爲對方在演述辯詞的時候，輔以聲調手勢，其中的錯誤，未必爲聽衆所周知；那麼故意再放對方一馬，給他親口在說一下錯誤的話；這時再予駁才會顯得有力量。例如有一次辯「市區內應禁行機車」正方說了一句「臺北市民大都以機車爲謀生的工具」，反方先假問「你說臺北市民都以機車爲謀生的工具，是嗎？」正方答辯「不是，我只說大部分。」反方在舉臺北市人口與機車比較，而駁斥其「大部分」的錯誤，就是一個「貍貓戲鼠」的典型實例。

（四）聲東擊西

兵法上講究「出其不意，攻其無備」的游擊戰術，而佯攻欺敵的結果，就是要造成「聲東擊西」，使對方無時無刻、任何地點都在我攻擊的威脅下，那就會疲弊困頓，無法招架了。用聲東擊西的戰術，往往要配合心理分析：或以佯攻縱敵，使敵方在得勝的興奮心情下造成判斷失誤；也有的用佯攻逼敵，逼得對方走投無路，而疏忽誤投羅網，其運用過程無論怎樣，總是以事先讓人猜不透爲上策。例如一個音樂推銷員，首先極力推薦其錄音機，等大家也各誇自己錄音機之性能後，再說「有了高水準的音樂帶，更能發揮錄音機的長處」，就是一個聲東擊西的典型用法。

（五）斧底抽薪

這是從根本上消除問題以減輕對方壓力的方法。例如對方以「大家希望安全」爲前提，再以「機車肇事率之高」爲不可不改弦更張的理由，提出必須「市區禁行機車以策安全」的結論，設計了一套問題；那麼當他談「大家對安全的期望」，可以完全同意；就在機車「肇事率」上加以推翻，對方就導不出結論了。這也是用已對付「甕中捉鱉」法的戰術。

（六）間接還原

辯論的時候，把對方的論點，轉用到其他的地方去，以證明其論點的不合理，就叫做間接還原法，又名「歸謬法」。莎士比亞名劇凱撒大帝中，安東尼就巧妙的用間接還原法駁斥布魯特斯；他先承認布魯特斯是一個高尚的君子，而布魯特斯說凱撒野心勃勃想作皇帝；但是，凱撒待人忠厚，曾獲勝邊疆而把所得歸入國庫，他更同情窮人，且曾拒絕皇冕；可見凱撒不是有野心的人，更可見布魯特斯說謊而非君子。一步步還原，有就一步步使聽衆支持他而反對布魯特斯了；這是很成功而活用間接還原法的故事。

（七）借刀殺人

辯論之際，常可運用對方的話題爲自己的證據；凡是運用對方的論點或證據，來證明自己立論的正確性的，就是借刀殺人戰術。雖然這個方法的使用是可遇而不可求的，但是如果碰上了，實在是很有效的方法，千萬不可錯過。例如辯論交通違規的處罰應「重罰制裁」，反方說目前警方不夠，重罰制裁無法辦到，只能「輕罰勸導」。正方就用其「警力不足」的論點，證明「輕罰勸導」也無法實施。

（八）揭穿矛盾

如果對方發言前後矛盾，不論出自同一人或不同人，都必須立刻指明揭穿，以造成強大的震撼力。但是實際上經過仔細研究的辯論內容，應該不會有矛盾之處，如果自己的看法似是而非，則反而傷了自己，所以運用此法之前，必須再三檢查，在確定對方的確有自相矛盾之處再揭穿他。跟揭穿矛盾相似的，是揭穿對方謬誤；凡是對方歸納謬誤、錯誤類比、中詞不周延、推論失誤、循環論證、倒果爲因、證據不足，也都可以立刻加以舉發，期能達成震撼對方的效果。

（九）訛詐勾引

有時候對方根本沒有錯誤的論點，但是根據其心理趨向，不能導致失誤的，就用別的資料促使對方造成失誤，然後再加以攻擊。例如辯論「中學教師應留校七小時」，正方並未說「留校七小時只是原則，執行時另有彈性」，但是反方逼問他「你認爲中學教師應留校七小時嗎？必須硬性規定七小時完全留在學校嗎？」使對方自陷恐慌，就說出「我們可採取彈性的辦法。」這時反方再從「應留校」而可以有「彈性」去駁斥，用個歸謬法，對方就窘迫難過了。

另外一個詭詐勾引法的運用，是當對方採用涇渭分流的謀略，這時候就故意在某處露出破綻，引誘對方出擊，然後再予以殲滅。這種又名「引蛇出洞」術的詭詐勾引法，往往可以積小勝爲大勝，收到預期的戰果。

第三節　小結

辯論的原則與技巧，說來並不難，但是要怎樣遵守這些原則，運用這些原則呢？那並不是「知道」就可見效的，必須深入體會、長期訓練，尤其必須先具備辯士的基本素養。祝振華先生說：「辯論人必須思想敏銳、學有專長、常識豐富、思路清晰、冷靜機警、善用推理，並具有出衆的表達能力，才能以理服人，達到辯論的目的。」的確是經驗之談。尤其深厚的學問根基，更是一個優秀辯士的基本條件；每一位走上辯論臺或已在辯論臺上打過滾的人，都必須不斷的充實自己，才能使自己的辯論術得以發揮；辯論絕非遊談無根者可比呀！

辯論的致勝法門，還有三不辯及必勝術。

三不辯是：自己準備不足不辯，對手不講公道不辯，題目無關緊要不必辯。除了玩辯論遊戲以外，正式的參與辯論會，必須拿這三不辯爲標準，事先加以衡量。

辯論的必勝術是：仁者無敵於天下，其具體表現則爲「不能用以損人、傷人、整人，必須用以助人、愛人、救人」。

辯論學習過程，採用辯論遊戲是很有效果的方式，但是在活動結束後，要仔細自我評估，以改正自己的缺陷。自我評估的主要項目爲「論證、謀略、技巧」，彼此關係用公式表示，則爲：

辯論效能爲論證、謀略之和與陳述技巧的乘積。

Effect＝（Argument+Strategy）×Delivery

雖然這只是一個最簡單的公式，但用來自我評估已足夠了。

「凡事開始就不遲」；「只有眞正的喜歡他，才能夠確實得到他」；「從做中學，從嘗試中發現興趣」；這些都是學習辯論的基本原則。你願意也試一試嗎？盼望有一顆一顆的星星，在夜空中閃閃發光；有一個一個辯士，站在辯論臺上，爲眞理、爲全民的利益而辯護。古人有「避辯士舌端」的話，但願我們能使妖魔鬼怪，不敢輕觸我正義之士的辯鋒。

下篇　邏輯應用

第六章

切割再切割

第一節　不同的立場，不同的說詞

第二節　不同的主客體，不同的目的

第三節　以矛盾剋矛盾

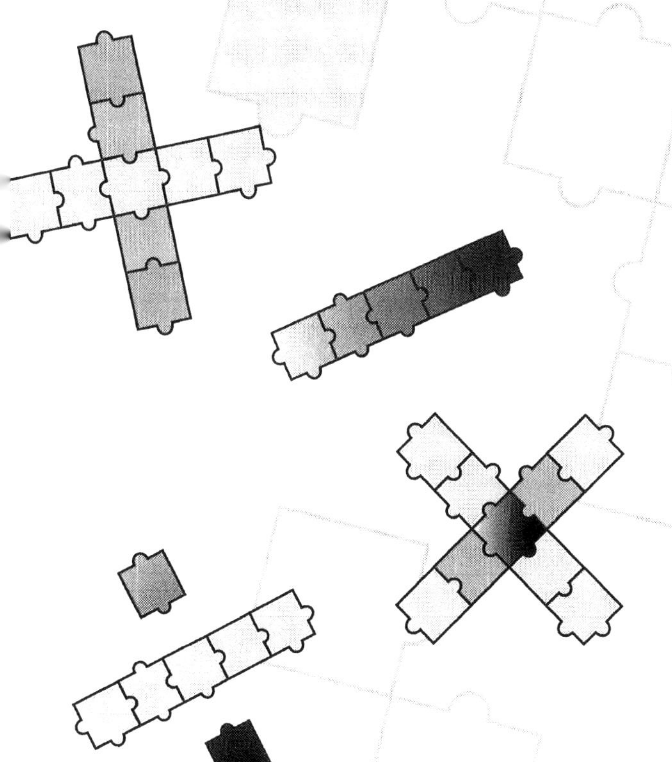

第一節　不同的立場，不同的說詞

第一個重要的工作是訓練自己的思維，使之變得非常精確。如果連我們自己都對事情理解的不夠透澈，又怎能找到重點奮力出擊？要讓他精確，常常必須把議題切割來思考。很少有一件事是可以用「是」或「不是」、「同意」或「不同意」這麼簡單的方法來解題的。「同意」與「不同意」間，還有很多種可能性。

比如以前，臺北市延平中學學生，在電影院看電影唱國歌時沒站起來，被校方記了過，結果引起一些爭論。後來臺北市政府規定，今後在電影院播放國歌時可以不起立。不過這個原則只適用於電影院，在學校升旗典禮唱國歌時，仍適用校規，聞者必須肅立。可想而知，這樣的決定當然會引起一些不大不小的爭議。

批評者會說：「為什麼聽到國歌可以不站起來？難道你不愛國嗎？我們在海外的時候，沒有機會聽到自己的國歌。好不容易有機會聽到國歌，那種熱淚盈眶、心情澎湃的機動，你們可能體會？有機會可以經常聽到國歌，為什麼不珍惜？難道一定要等到國家亡了，沒機會唱國歌了，才會想到國歌的可貴？」

另一方則會說：「愛國不一定要以唱國歌時起立來表現。一天到晚揮舞國旗、口唱國歌的人不一定就眞的愛國；不唱國歌、不作表面功夫的人也不一定就不愛國。這兩者之間沒有必然關係嘛！」

批評者於是可以接著說：「愛國本來是大處著眼，小處著手。如果連聽到國歌都無動於衷、不站起來的人，我們怎麼可以期待他會有眞正愛國行為？」

於是這樣的辯論就永無止境下去。其實，「在電影播放國歌時可以不必起立」的規定，是把三件事情混在一起了。延平中學的事可以切割成三部分：

第一，在電影院可以「不必」（不是「不可」）放國歌。在娛樂場所，放不放國歌應由業者自行決定。

第二，聽到國歌一定要起立，這是愛國的基本表現。

第三，如果聽到國歌而沒起立，可以不必記過。因爲愛國必須是發自內心的，記過無濟於事，必須加強教育才是正途。

如果市政府用這三部分來表達立場，相信會比較周延，也比較不會遭到攻擊。愛國顧到了，教育的本質也顧到了，而且也不八股。當然，你也可以用別的方法加以切割。

比如就有人提出，聽到國歌要不要起來，那得看他是不是一個儀式。如果是一個儀式，那當然要站起來，因爲那時國歌已經變成儀式的一部分，如果不是儀式，那不站起來也無可厚非。他們用教養和政治來整理思緒，指出聽到國歌應起立，是教養問題，不是政治問題，兩者不宜混爲一談。這種切割法也可以參考。

又比如以前兩岸密使事件。新黨前立法委員郁慕明指稱，總統府機要室主任蘇志誠和文建會主委鄭淑敏，曾受命擔任兩岸密使，爲總統前往大陸傳話。這件事也引起一些討論與爭議。一些記者曾訪問劉必榮教授：「劉教授，你是贊成還是反對密使？」這又是兩極化的思考，它其實也可以切割的。當時劉必榮教授的回答是：

「第一，就談判戰略設計而言，我支持必須有秘密談判的管道。因爲許多外交上的突破，都事先經過秘密接觸，這樣才能在不受外界干擾的情況下，先把雙方的立場拉近。等談到差不多了，再將協議的架構提交國會。像以色列和巴勒斯坦的和議，就是在挪威經過秘密談判之後，才公諸於世的。如果沒有秘密談判，我不認為以、巴之間會有和平出現。所以我認為密使的存在很正常。

第二，可是就密使的人選而言，我不認為蘇主任和鄭主委是適當的人選。因為他們都是公眾人物，容易被人認出。

第三，在就派遣密使時機而言，我不認為在總統直選以前，現任總統有足夠的權利對中共作出大幅的讓步。眞正適合派遣密使的時機應在民國八十五年三月總統直選完之後。」

而從第二、第三點來看，我們發現郁委員所提的密使事件在人選和時機上都相當粗糙，不像是經過細心規劃的行動，所以當時劉教授也懷疑這件事的眞實性。

劉教授話講完後，有少數幾位記者顯得有點茫然。因為他們本來期望的答案，可能是很簡單的贊成還是反對，但劉教授的答案卻根本不能用贊成還是反對來歸類。劉教授很清楚地表達了他的立場，但卻也建築了一個多角度的攻守攻勢，讓大家很難攻擊。或許有人會說這也是一種回答問題的權謀，其實它應該是一種思維方式，只是剛好有一些權謀的效果而已。

第二節　不同的主客體，不同的目的

有些問題，還可以把它的頭、尾、身體切開。「頭」是主詞，「尾」是受詞，「身體」是行動。

比如六四天安門事件發生後很多記者都在臺灣街頭作街頭訪問，問老百姓「我們怎麼做？」，然後把訪問的結果長篇累牘地登在報上，報紙塡了版面，讀者也滿足了發表慾。可是如果細看這些意見，我們發現可行者並不多。為什麼？因為他根本沒有講清楚

「我們」是誰：是「臺灣人民」？是「中華民國政府」？是「全世界愛好和平的人」？還是「海內外中國人」？有些事政府可以做，老百姓沒能力做；有些事則正好相反，老百姓可以做，政府反倒不方便做。誰是「我們」沒有搞清楚，怎麼能出瞎主意？一定要先分隔好，「如果」我們是政府的話，我們應該如何如何；如果我們是百姓的話，則可以如何如何，這樣才有層次。

還有，做這件事的目的到底是什麼？這也要弄清楚。目的是要聲援大陸「人民」？是要改變中共政府的「行為」？還是要讓某個下令開槍的「人」負責？這幾個目的是不一樣的，有的時候甚至會互相衝突。

過去美國要制裁南非白人政府，希望他們能改變種族隔離政策。怎麼制裁？鼓勵美國在南非投資的大企業撤資，以給南非壓力。結果像柯達等大企業就走了，誰知這些企業一走，柯達南非廠關門，反倒使成千受僱的黑人失業。換句話說，美國希望改變南非政府的「行為」，但目的還沒達成，南非「人民」就先受其害。目的之間彼此矛盾可見一斑。所以如果我們是誰，他們（亦即行動的目的）是誰沒搞清楚，所以有看似侃侃而談的「該怎麼辦」其實都是白搭，都有被人攻擊的破綻，無法做到向公孫大娘一樣，舞劍舞蹈滴水不漏。

除了主體、客體的切割之外，「可行性」與「可欲性」的切割也可以用來幫助我們理解問題。以前流行的政黨「大和解」就是一個最好的例子。民國八十四年年底，新黨和民進黨領導人喝杯咖啡之後，提出了大和解和大聯合的主張。這個政策急轉彎讓很多人都嚇了一跳，也跌破不少眼鏡。

從某個角度來看，大和解會爲這社會帶來和平，但從另一個角度來看，極左與極右政黨的聯合，權謀性質相當清楚，擺明著就是衝著國民黨來的。所謂理念之爭不過是包裹這權力鬥爭的亮麗外衣而已。這兩種期待或批評都有它的道理，如果我們跳脫黨派立場，以中立角度思考這件事情該，如何將之切割？或許可以這麼說：大和解的概念，只要是對各黨一視同仁，而不是針對某一特定政黨進行打擊，就應該可以支持，因爲這將使省籍衝突被逐漸稀釋。

可是另一方面，以目前的政治環境來看，大聯合或聯合政府可能仍有其困難。比較可行的，是視不同政策加以聯合。這就是將「可行性」與「可欲性」分開（即這件事有「可欲性」，但有多少「可行性」目前還有保留），並且加上「但書」（即「如果是對各黨派公開的話」）的多層次意見表達方式。如果比作在戰場上「佈陣」，那麼多層次的說法，倒也可以爲自己保留一個進退自如的空間。

第三節　以矛盾剋矛盾

另一種切割方式，是借用中共「主要矛盾」、「次要矛盾」的思維架構，把棘手的問題加以分段處理。

過去劉必榮教授曾特別留意，美國入侵巴拿馬，拘禁巴拿馬總統諾瑞加（美國指諾氏涉嫌參與國際販毒）時，中共是怎樣反應的。站在中共官方的立場，既然自我期許，要做「第三世界代言人」，北京就應該站出來評擊美國人入侵巴拿馬，因爲這是赤裸的侵略行爲。

可是另一方面，諾瑞加是堅持反共的，北京早就欲去之而後快，所以對美國的行爲當然是暗自竊喜的。這時該如何在公開場合對美國的行爲表示態度？是贊成還是反對？對一些國家而言，這或許是表態上的兩難，但中共卻用「主要矛盾」、「次要矛盾」的思維方式把它解決了。

北京當時的說法是，當美國人入侵巴拿馬時，「民族矛盾」是主要矛盾，所以中共支持巴拿馬對抗美國的侵略。可是如果戰爭結束，諾瑞加被放回來了，巴拿馬內部的「階級矛盾」就浮上來變成主要矛盾。這時中共就將支持巴拿馬人民推翻諾瑞加的階級鬥爭。北京原先在表態上的兩難之局，就這樣被打理得清清爽爽。

臺灣在對香港問題作評論時，也可以用這種方法處理心中的矛盾。一九九二年十月，香港總督彭定康提出政治改革方案，表示將擴大立法局直接選舉的議員人數，並主張一九九五年選出的議員可以「直通」到一九九七之後。中共對港英政府這種改革當然大加反對，表示英國在歸還香港這件事上表現的不乾不脆，並聲稱將來九七將香港收回來之後，將彭定康的一切改革打掉重作，「另起爐灶」。

在臺灣立場，我們該怎麼評論這件事？港英政府不是眞的想在香港推行民主，這是大家心知肚明的。因爲如果他們眞的有誠意，爲什麼在租借香港快一百年了，才想到要擴大港人民主？可是從另一方面來看，就算港英政府別有居心，香港人因此而想享受到民主這總是事實。那我們是應該站在「民族主義」的立場，幫助北京批評彭定康？還是該站在「民主政治」的立場，幫彭定康講話並且批評中共？這毋寧也是個兩難的局面。

如果套用「主要矛盾」、「次要矛盾」的框架，這題就可以這樣解：在中共收回香港的過程中，「民族主義」是主要矛盾。所以站在中國人的立場，我們支持北京收回香港，並且警告港英政府不要耍小動作。可是我們也聲明，當香港收回來之後，民族矛盾的不復存在，那時民主改革就變成主要關切。這時我們就將支持港人向北京爭民主的努力。

當然，在評論香港問題時要抓立場，用「融合」法可能比切割法好。「融合法」的解釋是這樣說：「站在中國人的立場，我們當然支持中共收回香港，消除清末不平等條約烙在中國人身上的最後一個瘡疤。但是中共一定要知道，民族主義的眞正精神，是要讓所有中國人都能完全發揮他的潛力與知能，讓所有中國人都能在世界上昂首闊步。而最能讓中國人發揮潛力的制度，就是民主制度。民主是實踐民族主義的工具，二者是不相違背的。所以中共可以批評彭定康的居心或意圖，但卻不必把它的制度完全加以否定。」

這種辦法是以「融合」爲主（民族主義和民族政治並非南轅北轍，無法相容），但卻摻雜了切割法（將彭定康本人和它所推廣的制度切開）。這種主張比較能做到求同化異。

第七章

顛覆對方邏輯

第一節　去定義

第二節　去類比

第三節　反證

第四節　去因果

第五節　洞悉對手常犯的錯誤

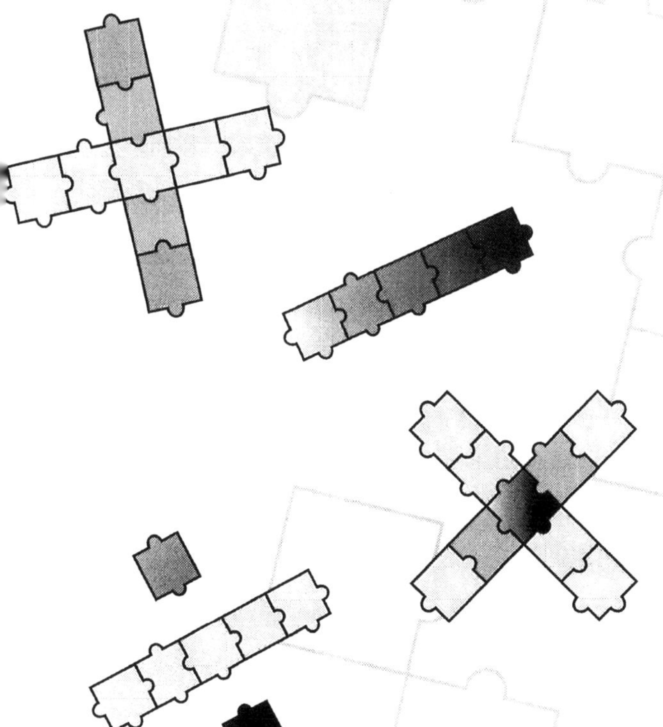

第一節　去定義

伊索寓言裡面有個故事：

一隻螞蟻問大象：「世界上力量最大的動物是誰？」
大象笑著說：「當然是我啦！這還用說嗎？」
螞蟻說：「不，是我。」
大象說：「為什麼是你？」
螞蟻說：「我能夠舉起比我體重重幾倍的東西，你能嗎？」
大象說：「我不能。」
螞蟻說：「所以我力量比你大。」

乍聽之下螞蟻講的好像滿有道理的，但又與我們常識的認知不合。爲什麼會有這樣的錯亂？因爲螞蟻改變了「力量大」的定義。它把比較力量大小的標準，由「能舉起多重的東西」轉換成「能舉起比體重重幾倍的東西」，結果創造出對它最有利的環境。要破解這招，必須一開始就把對方定義上的謬誤抓出來。這個謬誤不抓出來，可能後面一捲就被捲進去了，讓自己照著人家的音樂起舞，完全失去主動。

這個故事應該可以往下推，因爲「比誰力量大」應該只是故事的片段而已，比了以後總還要得到一結果吧？是不是力量大的人可以要求力量小的人做什麼事？要不然有什麼好比的？我們可以順著這個推論，把整個戰術的結構拆解一下：

螞蟻可以舉起比它體重重幾倍的東西（這是「事實證據」，也是我們前面所講的「腳」)。

而：

能夠舉起比自己體重重幾倍的東西的一方，就是力量大的一方(這是力量大的「定義」，也就是「說理邏輯」。用我們的比喻來看，這就是握劍的手)。

所以：

螞蟻的力氣比大象大。而根據森林的規矩，力量大的可以對力量小的提出三個要求……(這是我們推想的下半段，也就是「主張」。在我們的比喻中，這就是那把劍)。

好，現在看大象該怎麼擋回去？

如果砍對方的「腳」，大象就該說：「你作弊！那個磅秤有問題，你根本沒辦法舉起比自己體重重幾倍的東西！」(這是攻擊證據——論據)

如果砍對方的「手」，大象應該說：「我能夠用鼻子捲起那根樹幹，你能嗎？這才叫力量大，知不知道？」(這就是本章所講的攻擊說理邏輯——論證方式)

如果砍對方的「劍」，大象應該說：「叢林的規則還有一條，體積小的要服從體積大的，這你又怎麼說？」(這是以另一主張相抗——論點)

這是三種不同的辯論方法。通常我們認爲，砍對方的手會比較有用。因爲砍對方的劍傷不了他；砍他的腳嘛，如果對方準備充分，通常又找不到破綻，所以最好摧毀他的說理邏輯。

在日常生活中，像前面所舉改變定義的例子，我們經常都可能碰到。有一次劉必榮教授在計程車裡面聽到一個地下電臺主持人和

「叩應」聽衆的對話。當時他們討論的是警察拿紅包的問題。

一位聽衆打電話進來表示：「其實警察拿紅包，我們老百姓也要負一點責任。因爲我們常常不守法，違反法律後，再向警察送紅包疏通，間接也助長了警察拿紅包的風氣。所以要警察不拿紅包，老百姓也應該配合才是。」

我們覺得這話講得挺有道理，沒想到主持人反而把這個聽衆罵了一頓：「歐吉桑，你這話就不對了，有的法律是不必遵守的嘛。像我，如果我守法的話，我的電臺還能開播嗎？而你如果守法的話，你又會打電話進來嗎？可見有的法律是不用遵守的嘛。」

歐吉桑聽聽好像很有道理：「嗯……。」

主持人打蛇隨棍上，繼續攻下去：「所以還是警察錯。下次最好想清楚一點再說，是吧。」

聽了這種話眞讓人氣死，或想一頭撞死。一件事怎麼會被講成這個樣子？其實這個主持人用的，也是改變定義的方法，改變了守法、不守法的定義。要跟他辯，首先就必須打碎他獨特的守不守法的定義，然後才能粉碎根據定義而來的推論。所以在辯論的時候耳朵一定要清楚，能在一開始就找出定義裡面的毛病，這樣才能制敵於機先。

第二節　去類比

另一個可以砍的是「類比」。

第二屆國民大會代表選舉的時候，國民黨主張「修憲」，和民進黨主張的「制憲」，是朝野主要的爭執點。因爲「修」、「制」之間，又隱含有統獨的爭議。一位到宜蘭觀察選情的同事告訴劉必榮教授下面的故事：

在政見發表會上，有一個民進黨的候選人拿蘭陽大橋做類比。說蘭陽大橋當初被水沖壞的時候，國民黨的縣長就一直設法修橋，但修來修去總修不好。爲什麼？因爲兩邊的河岸都不一樣高了，怎麼修得好呢？陳定南先生當縣長以後就決定不修舊橋，建新橋。你看，現在新橋建好了，溪南溪北同蒙其利，是不？憲法也是這樣，兩岸分隔那麼久，基礎早就不一樣高了，怎麼修憲呢？當然是制訂新憲比較有道理。此話一出，底下一片叫好，國民黨的候選人一時之間不知如何反擊。因爲蘭陽大橋建得不錯是有目共睹的，這該如何反擊呢？

民進黨候選人用的就是類比。類比是用一個相似的例子推到一個結論。在這個故事中，就是用「修橋」推到「修憲」：因爲我們同意這個例子，所以就應該接受這個結論；反過來，如果反對這個例子，也就應該反對這個結論。由於推的人是這樣推，所以駁的人也往往被引導得用同一方法去駁：亦即如果要反對這個結論，就必須返回去摧毀源頭的例子。如果我們的確這樣認爲，那就會把攻擊的矛頭對準蘭陽大橋：「其實蘭陽大橋也沒有這位先生講的這麼好啦。昨天我經過那邊的時候，發現橋墩已經開始有裂痕了……。」結果你會發現大家都跑去談橋了，而我們對橋又沒有豐富的知識，於是很可能在橋的問題上就遭了滑鐵盧。

那該怎麼辦呢？乾脆一刀就把「例子」和「結論」之間的關係給砍了：「剛才這位先生講得非常好，蘭陽大橋讓溪南溪北同蒙其利，國民黨也深表佩服。可是修橋和修憲是兩回事啊！這就和橘子和蘋果不能放在同一個籃子裡面比是一樣的。現在我就告訴你們爲什麼一個是橘子，一個是蘋果……。」就這樣，可以撇開橋不橋的問題，直接去談憲法了。我們用的破解法，就是用一個「橘子和蘋果不能一起比較」的小類比，去打翻對方的大類比。

類比的戰術在群衆聚集的場合最容易使用。因爲那時人們沒有時間對事情做深入思考，碰到有人譁衆取寵，很容易就跟著起鬨，根本不會細想例子和結論之間是否眞有任何關係。這時我們在對方的例子上纏鬥，就像在對方劃下的場地內遊戲，完全失去主動。這時最好一刀切斷例子與結論的關係，趕快跳出來。

當然，攻擊對方所提的例子也不是完全不可以，不過那要看雙方的準備是否充足而定。過去臺電核四溝通小組曾想拍一個廣告，用一個小男孩小時候吃一個漢堡就可以飽，但是現在得吃三個才會飽爲例，說明爲什麼工業發展之後，我們需要更多的電力，而核能發電是我們最好的選擇。當時劉必榮教授曾提醒他們，這個理念正確，但是類比有問題。因爲對方可能說：「爲什麼要吃漢堡？我可以吃牛肉麵啊！」漢堡不是不能取代的，牛肉麵就代表是另一種發電方式。所以核四這個類比有破綻，還擊者一攻打這個例子，原攻擊者就無法招架。

前立法委員謝長廷也用過這種戰術。一次在立法院中，一位官員說有些兩岸關係的政策不能在沒有成熟前就公開，這就像煮飯一樣，飯還沒熟，你動不動就去掀鍋蓋看一下看一下，那怎麼會煮得熟呢？謝長廷不愧是急智，他上臺質詢時反問：「你怎麼知道我們喜歡吃飯呢？我們說不定喜歡吃麵啊！」原先採此類比的官員一時竟無言以對。

其實官員和謝委員所講的是兩件事：官員說的是，有些政策需要一段時間醞釀，立法委員若動不動就表示一下關切，很容易引起中共抗議，而讓這個構想提早夭折。謝長廷先生說的是你在制定什麼政策之前，要先讓國會知道，這樣國會才能盡到監督之責。他並沒有對不該動不動掀鍋蓋這件事提出反擊。因此官員可以回答：「好，就算吃麵好了，是不是也要給我一個煮麵的時間？」辯論當然不會就此打住，它還可以順著這條主軸繼續進行下去。我們舉這個例子只是說，在用類比對打時，攻擊對方的例子是可以用的，但必須有足夠的急智。要不然就斬斷對方例子和結論的關係，這樣比較保險。

第三節　反證

還有一個「去手」的方法，是在「若甲則乙」的推論上纏鬥。比如有人反對「拋磚引玉」這種說法，認爲應該是「拋磚引磚」，「拋玉」才會引得出玉。根據這個認定，他們提出一個命題：

「若要對方給我們一百分，我們最好先讓一百分出來。」

我們如果要辯的話，可以據此提出攻擊：

「你是說如果我們給他一百分，則他就會還我們一百分？」

對方辯稱：

「我沒這麼說。」

我們追打：「那爲什麼還要給他一百分？」

對方辯護：

「我們給他一百分，他未必會還我們一百分；可是如果不給他一百分，他鐵定不會還我們一百分的。」

我們若在往下辯，可以有兩種辯法：一是攻擊一百分的「程度」。

「如果一百分未必會換回一百分的回報，那爲什麼不先從十分對十分開始交換？」

這種辯法並沒有推翻對方「拋磚引磚」、「拋玉才能引玉」的基本假設。所以是已經開始在「收」了。之所以引爆這場辯論的原因，主要在提醒對方，不要太一廂情願，一下子就丟一百分出去，結果落個血本無回。如果還不想收場，則可以在另一個方向繼續辯：

「你怎麼知道如果我們不丟一百分出去，人家就一定不會還我們一百分？說不定人家想放長線釣大魚呢？」

這時就要談「拋磚引磚、拋玉引玉」這個命題之所以成立的各種配套條件了。對方可能是用「拋磚引磚、拋玉引玉」的論點，去支撐一個主張，我們對此命題提出懷疑，就是去砍這隻支撐的手。

中共不放棄對臺使用武力的主張，也建築在假設的推論上。他們認爲，如果放棄對臺使用武力，臺灣就可能毫無顧忌地走上臺獨。屆時中共可能被迫必須對臺使用武力。所以不放棄使用武力，反而可以減少使用武力的機會，這才是眞正的和平。換句話說，在北京的心裡：

「如果放棄對臺使用武力，則臺灣就會走上臺獨；如果臺灣走上臺獨，則中共就會被逼對臺動武。所以放棄使用武力，反而會升高戰爭的機會。爲了眞正的和平，絕對不能放棄對臺使用武力。」

這段看起來很漂亮的辯證邏輯，是建築在幾個並不鞏固的假設之上。我們大可以對此提出質疑：

「你怎麼確定大陸放棄對臺動武以後，臺灣就一定會走上臺

獨？」（攻擊「若甲則乙」的因果關係）

中共會辯說：

「至少放棄使用武力以後，那些主張臺獨的人會比較沒有忌憚吧？」

我們接著攻擊：

「那還是不一定會走上臺獨嘛，可見放棄使用武力和臺獨之間，並沒有那麼明確的關係。好，我們反過來說，如果大陸攻打臺灣，把所有的民族感情都打掉了，臺灣朝野在對中共同仇敵愾的情況下，你認爲他是會和大陸統還是獨？」

北京或許會辯說：

「至少我們可以逼著臺灣統一。」

我們接著問：

「也可能臺灣在那種情況下反而可以理直氣壯地獨立吧。好，還有，如果動武確實可以逼著臺灣走向統一，那爲什麼現在不立刻動武呢？」

他們也許會說：

「現在情況還沒到那麼緊急。我們還是希望用和平的方法，透過擴大交流，完成國家統一的。」

於是我們可以做一結論：

「那就是說統一不一定要靠動武對不對？如果『統一不必然要靠動武』，『動武也不一定會保證統一』，『不動武也不一定就會帶來臺獨』，那爲何不放棄對臺動武呢？」

當然，這只是攻防戰的模擬練習而已。在眞實情況下，中共可能根本不跟我們辯論這些問題。人家有理性我們才能辯，要是碰到蠻不講理的人，只知揮拳相向，我們根本無從辯起。這一點我們一定要放在心裡，對中共的意圖與行爲也一定不能有任何錯估才是。

第四節　去因果

「因果關係」經常也是可以砍的手。比如以前黃錦洲在加拿大自殺以後，很多人都認爲他是因爲承受不了巨大的壓力，所以才會殺妻、殺女、並且舉槍自盡的。因此得到一個結論：

「壓力大是導致自殺的原因。」

可是這種因果關係卻不是放諸四海皆準，因爲很多人壓力也大，爲什麼就不會自殺？

寒流來的時候，很多人受不了這種天氣而感冒。所以有人又得到一個因果關係：

「因爲天氣冷所以感冒。」

這種因果關係也很薄弱，因爲感冒的原因不是因爲天氣冷，而是身體不好、細菌感染等更直接的原因。硬把天氣冷當成直接原因就顯得太爲牽強。像這些因果關係都是可以挑戰的。只要多留意，我們會發現平常聽到的一些說理邏輯，其實都經不起嚴格考驗的。

第五節　洞悉對手常犯的錯誤

通常辯論者在說理邏輯上，可能會犯三個錯誤：

第一個把「需要證明的命題」，當成「已經被證明的命題」。比如有人主張：

「自然組的學生不必浪費時間讀史地。」

這句話的問題在於，自然組的學生不應該浪費時間沒錯（哪一組的學生又應該浪費時間？），但爲什麼讀史地就是浪費時間？

還有，辯論者常常舉出一個問題，然後提出主張，認爲可以解決這個問題。但是這個主張是否眞能解決他所提出的問題，本身就需要證明，並不是已經證明的事。比如有人提出，

「因爲有貪污問題，所以要成立廉政會報。」可是「廉政會報」是否眞能解決「貪污問題」，誰也不知道。作爲辯論的另一方，這就是我們應該攻擊的重點。

第二個常犯的錯誤，是把一些證據做過度的引申，讓它符合我的宣傳或辯論目的。要不然就是把對方的論點擴大，明明人家沒這個意思，硬是一口咬定他就是這個意思，然後據此攻擊。

在政治上這種事情看得最多。好多年前兩岸還沒來往以前，劉必榮教授在美國看過一本香港左派雜誌，裡面刊載了一張臺灣一個賓館的照片，賓館名字叫「望鄉」。這個左派雜誌的編輯就在旁邊大作文章，說由旅館名字可以看出，臺灣人人都想統一。這個令人啼笑皆非的推論，實在是推得太遠了。

另外像民進黨基本教義派攻擊前臺北市長陳水扁也是這樣。陳水扁說他要做全臺北市民的市長，一些極端的人就攻擊他，說他背棄了民進黨的栽培，這也是過度的引申。在核電廠附近海域發現「祕雕魚」，就一口咬定是核能發電造成的，也是過度引申。另外像小報記者看到一對銀色夫妻在酒會上吵架，就一口咬定他們關係已經出現問題，則是另一種過度引申。像這些引申都有特定的目的，但也因爲是過度引申，所以多半都有破綻。辯論時只要小心留意，都可以找到這些攻擊的罩門。

第三個常犯的錯誤就是太快下結論。可能辯論者只是看到幾個例子，甚至這些例子還是聽來的但是立刻就下結論，認爲什麼制度應做大幅的改變。比如有人不過聽說大學生有翹課在馬路上遊蕩的，就立刻主張大學恢復點名制度。或只是看到有幾個國家發行大鈔引起通貨膨脹，就反對發行大鈔。要不然就是看到一些女生聖誕舞會跳完，碰到宿舍關門，就主張要開放男生宿舍收容女生等等，都屬於太快下結論。這種結論破綻相當多，也很容易攻擊。

有一次在報上看到一個小問答，問讀者：「假如妳在百貨公司門口等男友，男友還沒來，有一個帥哥前來搭訕，請問妳會有什麼反應？」作者然後根據女性讀者可能的反應，去推論她的個性或感情。

這種推論也屬太快下結論。因爲我們必須先知道這個女生和她男朋友之間的感情（他們交往多久？是不是正在吵架？她男朋友以前有沒有玩過陌生人搭訕的惡作劇等等），才能去評論她的行爲。隨便拿一段她碰到陌生帥哥的反應，不管其他的相關變數爲何，就硬要說這是哪一型的人，你不覺得很牽強嗎？要做個好辯士，一定要避免這樣的錯誤。

而從辯論的另一方來看，就是因爲辯論者可能有這錯誤，所以我們一定要仔細聽，並且一邊聽一邊記筆記，這樣一定能找到一個空檔，奮力殺出，顛覆對方邏輯。

第八章
法律與邏輯

第一節　法律邏輯學的對象

第二節　建立和發展法律邏輯學的必要性和可能性

第三節　學習法律邏輯學的意義

第四節　學習法律邏輯學的方法

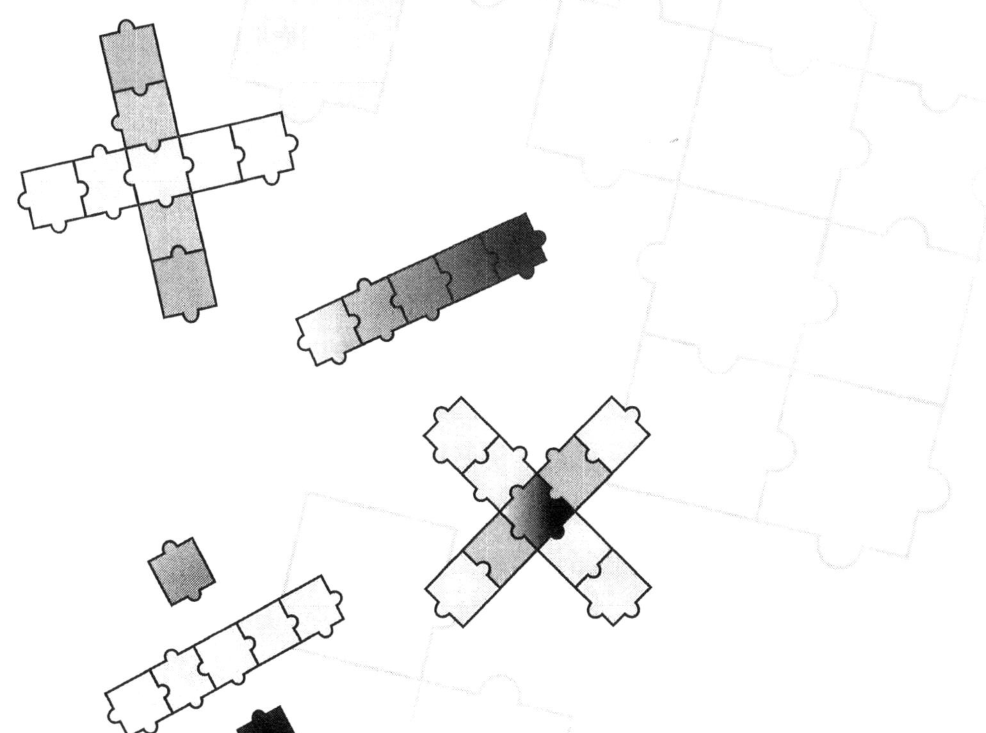

第一節　法律邏輯學的對象

人類思維的重點是它的概括性、間接性以及語言的不可分割性。思維階段之所以被稱爲認識的高級階段，是因爲人通過思維能夠把握事物的內部聯繫和本質屬性。人們在認識過程中，首先對感性階段所獲得的材料進行加工，通過「去粗存精，去僞存眞，由此及彼，由表及裡」的改造，才由感性認識躍進到理性認識，這是人們認識過程的一個突變。

形式邏輯所研究的不是思維的全部問題，其所研究的只是思想形式的結構和思維的基本規律。

人們認識客觀事物，要借助於一定的形式，感覺、印象等，是感性階段的反應形式，概念、判斷、推理等則是理性認識階段的反應形式。由於理性認識階段就是思維階段，因此，人們便把概念、判斷、推理等叫做思維形式。人們借助這些思維形式來認識客觀世界，來把握客觀事物的本質和規律。

形式邏輯在研究概念、判斷、推理等思維形式時，並不研究這些思維形式的具體內容，因爲那是各門具體科學的任務；也不研究思維形式的辯證發展過程，因爲那是辯證邏輯的任務；形式邏輯只是從這些思維形式的邏輯特徵和形式結構方面來研究概念、判斷、推理等思維形式。所謂思維形式結構，指的是思維形式的組成方式和各組成部分之間聯繫的方式。例如，每個概念都有它的內涵和外延，概念的內涵和外延之間存在著反變的關係；每個全稱判斷都由主項、謂項、量項、連項等四個部分組成；對同一對象的四種簡單判斷之間存在與著一定的對當關係；每個推理都由前提、結論和推理形式三個部分組成等等；這些都是思維形式的結構，都是形式邏輯研究的對象。

爲了使思維形式結構能保持正確的聯繫，需要運用各種邏輯方法和遵守各種邏輯規則，因此這些邏輯方法和邏輯規則也是形式邏輯研究的對象。

形式邏輯除了從邏輯結構方面研究思維形式之外，還研究思維形式的基本規律。每種思維形式都有它自己的特定規則，我們在運用各種思維形式時，都必須遵守它們各自的規則。所有這些規則都是以思維形式的基本規律爲依據的，因此我們還必須遵循思維形式的基本規律。只有遵循這些規律，符合這些規律的要求，才能使人們的思維具有確定性、首尾一貫性和明確性。正由於這些規律是應用各種思維形式時都要遵循的，遵循這些規律是使思維正確的必要條件，因此人們就稱之爲形式邏輯的基本規律。

綜上所述，我們可以把形式邏輯的具體對象確定爲：

（一）概念、判斷、推理等思維形式的邏輯結構，及邏輯形式。

（二）定義、劃分、概括、比較、分析、綜合、觀察、實驗探求因果關聯等邏輯方法。

（三）定義、劃分、判斷、推理、論證等邏輯規則。

（四）同一律、不矛盾律、排中律、充足理由律等邏輯規律。

法律邏輯學研究的也是邏輯形式、邏輯方法、邏輯規則和邏輯規律這四個方面的內容，但作爲一門應用性質的邏輯科學，法律邏輯學需要把邏輯學和法學緊密的結合起來，把形式邏輯的知識和原理具體地應用到法學研究和法律工作中來。因此，法律邏輯學要求在研究邏輯形式、邏輯方法、邏輯規則和邏輯規律的時候，要緊密地聯繫法學研究和法律工作，只有這樣，才能體現應用邏輯學科的特點。

第二節　建立和發展法律邏輯學的必要性和可能性

一、建立法律邏輯學這門新學科和大力發展法律邏輯學的研究之必要性

（一）建立和發展法律邏輯學順應了形式邏輯科學發展的需要

形式邏輯是一門有兩千多年歷史的古老科學。在物質生產、科學技術和抽象思維的發展基礎上，古老學者就已根據人類生活和思維的經驗，特別是演講、辯論和訴訟的經驗，研究了思維形式的結構及其基本規律的問題。不過形式邏輯最初是和哲學、政治、倫理和語言的研究混雜在一起的。西方從古希臘的亞里士多德邏輯開始，東方從中國古代名家、墨家邏輯和印度佛教因明邏輯開始，形式邏輯才成爲人們獨立研究的項目。這是邏輯科學發展的一大進步。十七世紀英國科學家、邏輯學家培根創建的歸納邏輯豐富了傳統邏輯的內容，發展了邏輯科學，這又是一個進步。十九世紀德國哲學家黑格爾創建的辯證邏輯，新馬克思、恩格斯吸收和改造之後形成一門嶄新的邏輯學科，從此，辯證邏輯和形式邏輯這兩個學科都獨立地得到發展。此外在二十世紀得到迅速發展的數理邏輯，在科學技術和思維領域也得到了廣泛的運用。數理邏輯的迅速發展，體現了現代科學的這一發展趨勢：各門學科之間的互相補充、互相滲透以及交叉和分支學科的大量增加。要豐富和發展形式的邏輯科

學，必須堅持兩個方向：一是吸收現代數理邏輯的研究結果，使形式邏輯現代化；另一是建立和發展各式邏輯學科，使邏輯科學普及化。各門科學都要運用邏輯，各門科學在應用邏輯時既有其共同性，又有其特殊性，為了使各門科學和邏輯科學結合得更加緊密，發展邏輯學作為工具科學的作用，有必要建立和發展像法律邏輯、語言邏輯學、醫療邏輯學、教育邏輯學、考據邏輯學等形式邏輯學的分支學科；在條件成熟的時候和可以建立作為法律邏輯學分支學科的審判邏輯學、偵查邏輯學、辯護邏輯學等等。這是為適應邏輯學以及各學科發展的需要。和經濟學、心理學這些學科比較起來，邏輯學的分支學科顯然是太少了。要改變目前這種情況就要靠邏輯學家和各門具體科學的科學家攜手合作、共同努力了。

（二）建立和發展法律邏輯學適應了法學研究和法律工作的迫切需要

法律和邏輯學的關係特別密切，邏輯在法學研究和法律工作中，有著特殊重要的作用。無論是立法工作也好，司法工作也好，都離不開邏輯這個工具。體現在法律條文中的法令規範必須具有明確性和確定性，法典和單行法規都要求邏輯結構上的嚴密性和系統性。法律是用來規範人們的行為的，一旦公布出去，就有強制性的作用，因此法律條文要寫得簡單明瞭。寫得簡單人們就容易記住，寫得明瞭就不致於產生歧義。如果法律條文用語含混不清，含義晦澀不明，前後互相矛盾，結構支離破碎，那就會降低法律的權威性，甚至使人們感到無所適從。在司法工作中，邏輯更是不可缺少的工具。就刑事案件來說，報案、偵察、檢查和審判的過程，不僅是運用科學知識和進行調查研究的過程，而且也是進行邏輯推理和論證的過程。無論運用證據查清事實也好，依據法律審判案件也好，公開進行法庭辯論也好，都離不開邏輯推理和證明、反駁的思維活動。進行法學研究和學術開展，那更是非借助邏輯這個工具不可了。為了把形式邏輯知識和法律工作、法學研究更加緊密結合起來，就有必要建立和發展法律邏輯學這一應用邏輯學科。

(三) 建立和發展法律邏輯學還有助於培養和提高法律系學生和法律工作者應用邏輯的能力

邏輯知識和法律知識的結合由來已久。古希臘的智者學派，就是由當時哲學觀點相同的職業教師組成的一個學術派別，他們教授的科目主要是演講術、辯論術、修辭、語法以及訴訟知識，至今在哲學史、邏輯史書籍上還可以看到他們進行演講、辯論以及訴訟活動的情況。幾十年來，法律系的邏輯課程雖然一直在開設，但邏輯教學脫離法律實際工作的現象也一直存在著，許多法律系學生學了邏輯課程，但卻不會把學得的知識運用到法律工作上來。且近幾年已有不少法學院校的邏輯教師注意到邏輯知識與法律知識緊密結合此一課題，因此情況大有好轉。建立和發展法律邏輯學，有助於改變過去那種學了邏輯知識而不會應用的狀況，這對於培養和提高法律系學生和法律工作者的邏輯知識水準，特別是應用邏輯知識的能力是大有好處。

二、建立和發展法律邏輯學的可能性

形式邏輯學是在總結人類思維的實際經驗和適應發展需要的基礎上產生和發展起來的。思維的實際經驗和思維材料的累積，是形式邏輯這門科學建立的前提條件。對建立和發展法律邏輯學來說，這個條件是否已經具備了呢？答案應該是肯定的。自有國家以來，就有立法和司法活動，就不可避免地要應用邏輯，因爲合乎邏輯是建立任何性質的法制的必備條件，古今中外的法律工作者長期累積起來的豐富經驗和大量材料，不僅爲法學的建立和發展準備了條件，而且也爲法律邏輯學的建立和發展提供了方便。在古代流傳下來的辦案故事中，有許多應用邏輯方面的材料，包括正面和反面的材料，在古代流傳下來的邏輯故事中，也有不少破案、斷案和法庭辯論的材料，這些都值得我們參考和借鏡。在社會科學的領域中，法學和邏輯的關係最爲密切，在各種工作中，法律工作運用邏輯的場合也最多。我們很有必要也完全有可能從應用邏輯的角度，在總結經驗和分析材料的基礎上，深入探討形式邏輯在法學研究和法律工作中如何具體應用邏輯知識的問題，建立和發展法律邏輯學這門新科學。正由於建立和發展法律邏輯學是順乎形式邏輯學發展之潮流，以及合乎提高法律供作水準之需要的，所以近幾年來受到了邏輯學界和法學界的重視，且獲得各方面的幫助。當然，由於基礎薄弱，起步較晚，在教材編纂和研究活動等方面，水準還不是很高，有不少問題還有待於探討和解決，因此，再以取得成績的基礎上，我們需要繼續努力，大膽探索，深入研究，不斷提高，把法律邏輯學建立在眞正的科學基礎上，使法律邏輯學能更好地爲法律工作服務。

第三節　學習法律邏輯學的意義

各門科學都要應用邏輯，法學也不例外，而且更有必要。這是因爲法學與邏輯的關係特別密切，邏輯在法學研究和法律工作中，有著特別重要的作用，無論立法工作、司法工作，都離不開邏輯這工具，既然法律具有人人都必須遵守的強制性，那麼，體現在法律條文中的法律規範就必須具有明確性；另外，單個法律文件或編纂起來的法典，也都要求邏輯結構具有嚴密性和系統性。所以，有的國家在每一項法律草案提交立法機關審議之前，經常召集一些法學家、語言學家、邏輯學家對法律用語和邏輯結構進行仔細的推敲，以提高立法工作的技術水準。在司法工作中，應用邏輯的場合就更加廣泛了，「以事實為根據，以法律為準繩」是司法機關辦案的基本原則，無論查清事實或適用法律，都離不開邏輯推理與證明，反駁的思維活動。辦理刑事案件，從偵查到起訴；從法庭辯論到進行判決；從證據的蒐集和鑑別到司法文書的製作，都得應用形式邏輯。總之，不論司法警察、檢察官、法官，還是律師、法醫、書記官，都要掌握形式邏輯這個工具。對於法學和法律工作者來說，學習法律邏輯學的具體意義主要有以下三個方面：

一、有助於提高論證的能力，善於講道理和揭露種種邏輯錯誤

論證指的是邏輯上的證明和反駁，都是人們認識眞理的重要手段，也是發展文化、科學的重要方法，形式邏輯本身也就是在人們需要論證和辯論的條件產生出來的，如果沒有講學、演講和辯論盛行於古希臘的這個條件，亞里士多德邏輯就不會產生；如果沒有春秋戰國時期「百家爭鳴」、「處士橫議」局面的出現、「名實關係」問題論爭的延續，就不會有中國古代邏輯學的建立；如果沒有古代印度佛教各教派之間及僧俗之間的激烈爭論，也就產生不了像「因明邏輯」那樣的推理論證學說。東漢的著名學者王允說得好：「兩

刃相割，利鈍乃知；兩論相訂，是非乃見。」要是只有論點沒有論據，不會論證，那就談不上立論和駁論，也就不成其辯論了。而掌握邏輯的這一工具，正是提高邏輯能力的必經之路。因此，英國的大學問家培根才這樣說：「讀史使人明智，讀詩使人靈秀，數學使人周密，科學使人深刻，倫理學使人莊重，邏輯修辭之學使人善辯。凡有所學皆成性格。」中國傳統社會長期受文化專制主義的影響，禁錮思想，箝制言論，使人們習慣於把「能說會道」、「能言善辯」看成爲「缺點」，這實在是一種有害的偏見。對於法律工作者來說，「能說會道」、「能言善辯」應該是不可缺少的基本訓練。從檢察官、法官到辯護律師，都應該長於說理，善於論證，都要熟練地掌握證明和反駁的邏輯方法。法庭辯論的場面，不是一直成爲電影、電視的熱門鏡頭和小說、劇本的高潮所在嗎？原因之一就是法庭上的精彩辯論能夠打動人心，扣人心弦，發人深思，引人入勝，在法庭辯論中，檢察官所做的支持公訴的發言，就是一篇由邏輯證明構成的立論，辯護律師的辯論發言，則是一篇由邏輯反駁構成的駁論。輪番辯論的過程，就是交替使用證明與反駁這兩種邏輯方法的過程。而法官在法庭辯論終止以後所做出的判決，邏輯上說也無非是對被告有罪或無罪、罪輕或罪重的邏輯證明。根據日本著名女律師佐佐木靜子在她寫的《火紅的歲月》一書中的介紹，在震驚日本全國「八海案件」終審判決前不久，最高法院組織了一次口頭辯論。在歷時三天累計十三個半小時的辯論中，辯護團中有二十多位律師出庭爲被告辯護，徹底地駁回警方和檢察官認爲被告犯有謀殺罪的證明。最高法院終於做出了四名被告全部無罪的判決，至於法學工作者，那就要更善於立論和駁論，否則就達不到使別人同意和接受你的主張的目的，也無法推翻你認爲是錯誤的觀點。總之，學好法律邏輯學對於提高法學和法律工作者的說理論證能力是很有幫助的。

在學術討論和辦案過程中，免不了要和錯誤的言論打交道。大致說來，錯誤無非是內容錯誤和邏輯錯誤兩種，這兩種錯誤是有區別的，不能混爲一談；但這兩種錯誤又是有密切聯繫的，不能截然分開。在許多情況之下，通過揭露邏輯錯誤，可以比較容易地看出內容錯誤。因爲錯誤的形式往往是爲錯誤的內容作掩護的，例如只要揭露出被告供詞中的自相矛盾的錯誤邏輯，就容易判明被告說了哪些假話及說假話的目的何在。在掌握知識邏輯之後，以達到查清事實的眞相、正確運用法律和不枉不縱的目的。

二、有助於提高推理能力，善於從已知推出未知，做到主觀符合於客觀，以保證辦案質量

無論進行邏輯證明或反駁，都不離開邏輯推理。因爲論證過程就必須運用推理，一個複雜的論證往往要包括許多推理。所以缺乏推理能力就談不上論證能力。

對司法工作者來說，提高推理能力必要性還在於：無論刑事案件的偵察或民事案件的審理，都要借助於邏輯推理，而且比通常的推理還更加複雜和困難。例如，刑事案件的偵察破案工作一般是開始於案件發生之後和罪犯已逃逸之時，偵查人員只能從現場情況和可能線索中，運用邏輯推理，從假設到驗證，一步步地查清案情，最後找出罪犯。如果偵查人員缺乏邏輯推理能力，就無法破案，甚至會以假充眞，造成冤獄。在審判階段，核對事實和鑑別證據，也

都離不開邏輯推理。法庭的判決書，實際上就是一個典型的三段推理，只不過比日常所用的三段推理複雜些而已。所以，提高司法工作人員的推理能力，對於避免犯「想當然」的主觀主義錯誤，使主觀符合於客觀，以保證辦案質量，是有重要意義的。

三、有助於提高表達能力，使說話和寫文章具有條理性

人們的概念、判斷的形成過程、推理的過程，就是調查和研究的過程。只有經過反覆考察和反覆思考的過程，人們才能獲得正確的認識，形成正確的思想。這個過程，也就是「從群衆中來」的過程。人們有了正確的觀念和思想，還要用比較恰當的表達方式告訴別人。把自己的觀點和思想傳達給別人的過程，也就是「到群衆中去」的過程。人們正確思想的行程過程離不開邏輯，把自己的思想傳達給別人，就更離不開邏輯了。因爲，表達思想要靠語言、靠說話和寫文章。要把你的思想傳達給別人，那麼你說的話、寫的文章就得合乎邏輯。不合邏輯就不通，不通人家就聽不懂、看不懂，更談不上同意你的見解和主張了。

總之，人們不管是用口頭語言（說話）的方式表達思想也好，用書面語言（寫文章）的方式表達思想也好，都要遵守和運用形式邏輯。法學和法律工作者是離不開說話和寫文章的。例如，法學工作者要寫論文、編教材、著專書，要參加學術討論會；檢察官要實施偵查、提起公訴、實行公訴、參加法庭辯論，律師要寫訴狀、寫辯護詞、參加法庭辯論，法官要進行審判、製作判決書、裁定書等等，如果不提高口頭和書面表達能力，工作質量就很難提高，甚至可能產生放縱罪犯或冤枉無辜的後果。條理性、明確性和首尾一貫

性對立法工作來說就更加重要了。如果法律含義不明，用語產生歧義，界限混淆不清，結構雜亂無章，內容自相矛盾，那它就無法在實際生活中貫徹實施。

總而言之，法律邏輯學的作用可以概括爲「說理」、「推理」和「條理」，都離不開一個「理」字。前人把邏輯學翻譯爲「名理學」、「理則學」或「論理學」，是有一定道理的。

在強調法律邏輯學的重要作用的同時，也必須指出：邏輯只是一種工具，遵守邏輯規則和規律只是正確思維的必要條件而非充分條件，要解決法學研究和法律工作中的具體問題，單靠邏輯知識是遠遠不夠的。因此在法學和法律工作中應用邏輯知識，必須和法學以及其他科學的知識結合起來；和法律工作者的實際經驗結合起來。沒有這幾個方面的結合，不僅解決不了具體問題，甚至會給工作造成損失。在學習法律邏輯學的時候，要注意到這一點。

第四節　學習法律邏輯學的方法

一、理論與實際相聯繫

理論聯繫實際上是學習各門科學共同的根本方法，學習法律邏輯學當然也不能例外。不僅不能例外，而且更有強調的必要，這是由形式邏輯學的抽象特點和法律邏輯學的應用性質所決定的。

抽象，這本來是各門科學的共同特點，因爲任何一門科學都是用抽象思維的方法來反應客觀世界及其規律的。如果沒有合理的、科學的抽象，那就沒有各門具體科學。這一意義上的抽象特點，形式邏輯學也是同樣具有的。但是，我們說形式邏輯學具有抽象的特點，還有另外一層意思，就是作爲一門工具科學，形式邏輯學所研究的不是思維形式的內容，而是思維形式的結構；不是某些具體概念、判斷和推理，都是些暫時撇開內容的、沒有任何具體性的一般的概念、判斷和推理。

雖然形式邏輯具有雙重抽象特點，但它本身並不是脫離實際的，也不是與具體隔絕的。這是因爲：首先，作爲形式邏輯學研究對象的概念、判斷和推理中的一般性東西，不是主觀虛構出來的，而是從許許多多的具體概念、判斷和推理當中抽象出來的，所以它是從具體中、實際中來的。其次，形式邏輯學研究的各種思維形式的邏輯特徵、形式結構及其相互聯繫，又是對一切具體的思維形式全都適用的，都是能應用於思維和語言的實際的。因此，我們在學習和應用形式邏輯的時候，一方面要知道各種邏輯形式是從哪些具體中、實際中來的；另一方面，又要學會把抽象的東西應用到實際中去，努力貫徹抽象與具體相結合、理論與實際相統一的原則。

同時我們也不能不看到，形式邏輯學這種抽象的特點，也給抽象脫離具體、理論脫離實際提供了可能性。如果學習不得法，既不懂得那些抽象的符號、公式是怎麼得來的，又不善於把學得的邏輯知識應用到實際中去，那麼所剩下的就只能是一些空洞的抽象公式和枯燥的規則了。有些學過邏輯的人感到形式邏輯內容抽象，枯燥乏味，既難學又難用，其主要原因在於抽象脫離了具體，理論脫離實際，把暫時撇開具體內容弄成了與具體內容完全隔絕。堅持理論聯繫實際的學習方法是擺脫這種狀況的根本途徑。那麼，究竟應該聯繫哪些實際呢？

就法律邏輯學來說，除了聯繫語言實際之外，更重要的是聯繫法學研究和實際的法律工作。

由於語言是思維的外在表現，任何思維形式都要透過語言形式表達出來。現在邏輯學研究人工語言的成果，應該根據實際需要予以吸收；對邏輯與自然語言的關係問題，更應該充分重視，因爲人們在日常生活交往中，總是以「約定成俗」和豐富多采的自然的語言來作爲表達情意和交流思想的工具，那不是用符號化的人工語言所能代替得了的。一切法學研究和法律工作，都要藉助於自然語言這個工具。離開由書面語言構成的法律條文和法學論文，就沒有立法活動和法學研究；離開由口頭語言構成的法庭辯論和由書面語言構成的司法文書，也就沒有司法活動。因此學習法律邏輯學就必須聯繫語言實際。法學和法律工作者要把學習邏輯和學習語言結合起來，把思維與語言既相統一又相區別的關係弄清楚，提高在法律工作中駕馭語言的能力。

既然法律邏輯學是法律領域應用形式邏輯學的科學，那麼著重聯繫實際的法律工作就是理所當然。儘管法律邏輯學並非法學的一個部門，可是如果對法學所知甚少，甚至一無所知，那就難以把邏輯具體知識應用於法律領域。法學知識和法律工作的經驗越豐富就越有利於在法律領域應用形式邏輯基本知識。因此，我們不但有必要提倡法學家和法律工作者學習邏輯知識，而且要鼓勵邏輯工作者，特別是在法律系開課的邏輯工作者學習法律知識。只要邏輯工作者和法律工作者攜起手來，互相學習、共同努力，法律邏輯學這門學科就會順利地建立和發展起來。總之，能否做到理論與實際相聯繫，法學與邏輯相結合，法學工作者與邏輯工作者的密切合作，決定了法律邏輯學是否站得穩腳跟和是否能得到順利發展這樣具根本性的問題。

二、一般與特殊相結合

一般與特殊相結合是學習法律邏輯學的另一個根本方法。我們之所以要將之提升到根本方法的高度，是因爲：

（一）法律邏輯學的性質和特點決定了其必須堅持普遍與特殊相結合的學習方法

我們必須注意到，各門科學在應用邏輯的時候，既有彼此相同的地方，又有各自不同的特點。因此，法律邏輯學在研究法律領域如何具體應用形式邏輯的時候，既不能忽略各門科學應用形式邏輯的共同點，更不能無視在法律的應用形式邏輯的特點。前者是普遍性，後者是特殊性。作爲普通的形式邏輯學科，還可以求同存異，撇開各門科學應用邏輯時的各自不同特點；而做爲應用學科的法律邏輯學，就不應該置法律學科應用邏輯的特點於不顧，否則的話，它就不是法律邏輯學而是一般的形式邏輯了。

作爲一門基礎課，法律邏輯學應該在系統講授邏輯知識的基礎上，引用實際材料說明形式邏輯一般原理在法律領域的具體應用。但不能以此爲滿足，而應該進一步探索和總結法律領域在應用形式邏輯時有哪些具體特點，把同中之異搞清楚。當然前者相對地容易一些，而後者比較困難些。可是，我們不應該趨易而避難，因爲如果我們只能做到前一點而做不到後一點，那就可能使這門課程停留在「原則加例子」的水準上而難以提高，不能總結出新的東西。

那麼，在法律領域應用形式邏輯究竟有沒有自己的特點呢？答案是肯定的。以判斷和推理這兩種思維形式爲例：判斷的眞假，取決於斷定的內容與實際情況是否相符和；而表達法律規範的判斷，由於所規定的是人們必須遵守的行爲準則，因此，只存在如何規定以及規定得恰當與否的問題，而不存在眞假的問題；一般講形式邏輯，對模態判斷大都語焉不詳，一帶而過，而講法律邏輯，就要做詳細分析，要分清或然判斷、實然判斷和必然判斷的界限；同是或然判斷，還要分清可能程度的大小；另外還要對法律條文中常用的帶有「應」、「須」、「得」、「不得」之類模態詞的判斷進行邏輯分析；在應用三段論推理時，要注意到，定罪和判刑三段論的小前提都必須是帶證的，同時判刑三段論的大前提一般是有相當大的幅度；一般講充分條件假言推理，是把小前提肯定後件、結論肯定前件當成錯誤式，而在辦案中，這類形式卻是常用的，儘管它只能得出或然性的結論，但對於確定偵查方向，提出偵查假設卻是必要的；一般的推理，多是從前提推出結論，而偵破案件，卻需要使用「回溯推理」，即由結論到前提，從結果找原因的推理形式等等。研究應用形式邏輯原理時表現出來的特殊性，應該成爲法律邏輯學課堂教學的重點和難點。

（二）目前法律系的課程安排，以及邏輯教師師資的實際情況，決定了更有強調普遍性與特殊性相結合的必要

如果單從需要來考慮，分設兩門邏輯課，先後開法律邏輯，那是比較理想的。但在目前條件下，是難以做到的。

當前比較切實可行的辦法就是應開設法律邏輯學這門課程，使之「一身而二任」，既要系統地介紹形式邏輯的基本知識，又要全面地聯繫實際的法律工作，這就更有必要強調普遍與特殊相結合的研究和學習方法了。

本文編寫也就是以貫徹理論與實際相結合，一般與特殊相結合的原則爲指導思想的。俗話說：「萬事起頭難」，由於目前還處於建立法律邏輯學的嘗試階段，難免要碰到許多困難，寫出來的東西難免很粗糙。但我們堅信，在邏輯學工作者和法律研究者的通力合作下，法律邏輯學這們新學科一定能夠建立起來，研究的水準也一定也會提高，教材的內容也將逐步地臻於豐富和完善。

第九章
辯論與邏輯的實際運作

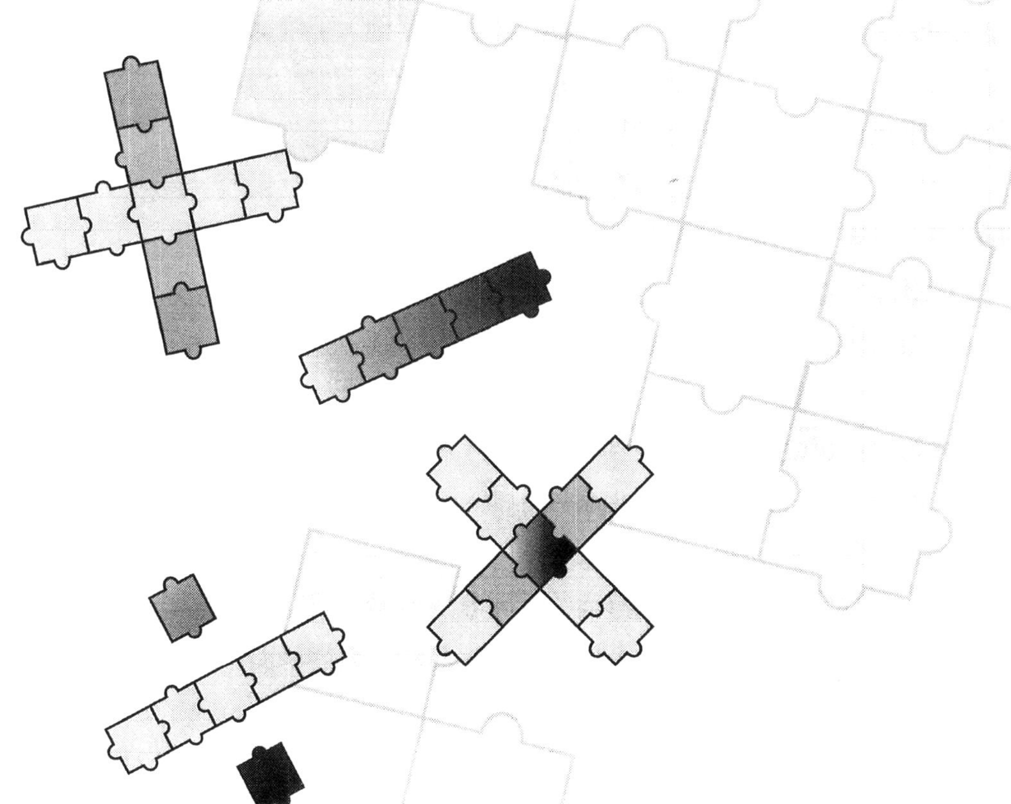

第一節　辯論與邏輯的關聯性

一、辯論的目的

透過辯論，明確地指出別人的錯誤，從辯論的角度看，自然是好的戰術；但從說服的角度，也就是從目的的角度講，則未免顯得太簡單。最終結果未必是最好的結果，因爲當你與人辯論時，對方的情緒因素必須考慮在內，而且辯論愈熱烈，則愈加可能情緒化，愈少冷靜的理智力。求勝的心理會使人在辯論中逐漸丟棄命題的眞實性，使辯論的內容服從於情緒的天性。

正因如此，辯論的失敗伴隨著的往往是仇恨的情感，這也是情理之中的。當別人在辯論中清晰地顯示出勝過了你，那麼你肯定會情緒高昂，會感到有種羞辱感，這種感覺並且會透過你的語言、神色表達出來，雙方可能因此不歡而散。

從另一角度而言，假如你在辯論中取勝了，你會興高采烈、喜形於色，甚至可能趾高氣昂起來。

從這裡，我們就有必要提出一個問題：「辯論是爲了什麼？」

假如你發起參與辯論是爲了維護眞理，分出正誤是非，那麼，不管結果怎樣，都應用縝密的邏輯得出結論。

假如你發起或參與辯論是爲攻擊某人，或並無攻擊特定的人物之意，僅是爲了以此顯示自己出衆的才能，那麼，不管結果怎樣，都會被人反感到極點。

所以，辯論之前，應該明確目的性。應該清楚，只有爲了證明一種觀點的正確與否或其他是非問題才值得辯論，爲辯論而辯論是毫無益處的。當然，如果雙方約定假設一個命題展開模擬辯論，以達到提高邏輯思維能力和口頭表達能力，自當算作另一回事。從這時也可看出，不能把辯論本身視為目的的全部或一部分，而僅能視為手段。

要運用好辯論這一手段，就必須具備起碼的邏輯知識。

最簡單也最為典型的邏輯過程是三段論法。

A是B，B是C，故A是C。

三段論法中有三段，亦稱之為三命題。第一命題為大前提，第二命題為小前提，第三命題為結論。假如你認為前兩個命題準確無誤，那麼對於結論也就不用存有疑慮。

三段論法可運用在任何一種科學中。以數學為例，4＋2＝6，3＋3＝6，所以4＋2＝3＋3。在自然界中，象有長鼻，非洲大象是象類的一種，所以非洲大象也有長鼻。

三段論法只要運用準確，是不可能出錯誤的。然而在日常生活中，人們常把它運用得不得法，才導致漏洞百出。例如：「雷特先生是個禿頂」，「約翰先生是個禿頂」，「所以雷特先生是約翰先生」，錯誤很明顯，世界上有很多禿頂，他們僅是其中之一部分，因而雷特先生與禿頂這兩個概念是不能互相包含的。根據這種錯誤前提而進行的推理，自然就近乎愚蠢了。

這是一切錯誤發生的原因所在。表面上，我們覺得這推論式十分標準，然而仔細審查一下，就會看出在大前提與小前提間並不相同，因而造成了這個錯誤的結論。設想一下，把大前提換成「雷特先生是世界上唯一的禿頂」，那麼，原先的結論就確鑿無疑了。

三段論中有一種推論方法稱為演繹法，此法一般的原則是推及特殊的事物。還有另一種方法稱爲歸納法，歸納法與演繹法在推導過程中恰好是相反的。「一切我所聽到或看到的烏鴉全是黑色的，所以天下烏鴉一般黑」，這一推論用的是歸納法，看不出什麼毛病。然而在某處有一種缺乏黑色素的鴉類被人們發現，這條結論便會被推翻。

儘管如此，歸納法給我們的結論，是常可被我們用作爲根據的。很多科學都是根據歸納法爲基礎，因爲它把一切所知的事實都集合在一個題目下，注意它們之間的類似點，而得出一條可運用的法則。

自然，你可在種種不同的方式中運用演繹和歸納法進行推理，比如有時可以從原因推出結果，有時可以從結果返回原因。「看這些孩子們都到街上來，學校一定要放學了」，或者「我剛才看到哈利斯先生殺掉一隻雞，我想他一定邀請了客人來吃飯」。與上述推理方式不同，但爲了達到辯論所要達到的目的，也經常被使用，有人稱之爲「間接辯論」，它更有些像辯論的戰術。這一戰術的特點在於不直接證明自己的正確，而是證明對方的錯誤，從而間接形成「他錯誤，我必正確」的結局。

其實，這的確只能稱之爲「戰術」，而不能冠之以「推理」的美稱，因爲有時可能雙方都是錯誤的，而這一事實往往被人忽略掉，運用這一戰術所能發揮的作用之一，就是使人們容易忽略這種事實。

儘管這樣，辯論中採用這一戰術而取勝的人卻大有人在。常言道，最好的防禦在於進攻，假如你所站的地位比較軟弱，你就須竭力攻擊對方，使他站到防禦的地位，在他竭力防禦時，他會忽略去進攻你。

「╳╳國士兵是世界上最優秀的士兵。」

「你所說的優秀究竟是什麼意思？」

「他們是最聰明、最勇敢的士兵。」

「那麼，這兩種品質使他們成爲最優秀的囉？」

「當然。」

「我希望你能將它解釋一下。」

於是此人就會開始解釋，在冗長的解釋中，很容易涉及到許多不定的因素，這就給對方提供攻擊的機會。

要想取得辯論的勝利，並從而達到辯論所要達到的目的，關鍵還在於主動進攻，猶如綠茵場上，只有攻勢十足的足球賽才是最富生命力的。

要進攻，就必須反覆強調自己的論點。事實上一個有力的辯論，與其說是一個起初的推理，還不如說是在於反覆強調，在下列實例中便可以看到這一點。

「例如一茶匙藥劑對你有益，那麼三茶匙藥劑對你當然也有利。」

「假如一個姐姐愛她一個不好的弟弟，那麼她一定愛她那好弟弟。」

「假如一個人能把小事都做得很好，那麼他對大事亦一定能做得很好。」

在這些結論中，沒有一個是起初的，而且也說不出它們在某幾種情形下究竟有什麼錯誤。這些論點似乎在加強自己所說的話，而在口頭辯論中常常是很有效的。

這裡簡單介紹辯論中涉及的邏輯推理問題，目的在於引起人們在辯論中運用邏輯武器的重視，而透過邏輯武器的正確運用，就能有效地抑制辯論中情緒化色彩，從而更有利於透過正當的辯論達到說服他人的目的。

二、擺出行家的姿態

你可曾注意，當其他人覺得或相信你的專門知識、特殊技能、經驗都比他們多時，他們會用一種介於尊敬和畏懼之間的態度待你嗎？這裡列舉一個實例和兩個假設的例子。

在第二次世界大戰中，巴頓將軍命令第一盟軍進攻北非。巴頓是其中一位自負心特強的人，他相信他知道與任何一件事情有關的所有事情——從詩篇到道學，樣樣皆通。可是，他還是很謙遜地接受他護航艦上領航員的忠告，爲什麼？因爲那位領航員有他專業的知識，而這是巴頓將軍缺乏的。

第一個假設的例子：你要重新裝飾你的房子，你心目中有某種式樣的壁紙，卻不敢確定它跟你的家具是否相配，你用重金僱了一名室內設計師提供意見給你參考，他告訴你選用樣式完全不同的壁紙，因爲原先你所選用的已經過時了，你毫不猶豫會依他的意見去做，爲什麼？因爲你缺乏他那個專業的鑑賞力與理解力。

第二個假設的例子：因爲你腹部感到劇痛，地方上的醫師指定你到內科找一名專業醫師診斷。把病情告訴了護士後，你才想起這些症狀跟你三年前所患的膽囊炎相似，做過必要的檢查和主要的診察後，你被匆匆帶進一個證書和獎狀排成一行的房間，內科醫生來了，隨而開了一張診斷書：消化不良。

他把診斷書遞給你，並問你：有什麼疑問嗎？你表示沒有。爲什麼？誰能對診斷書上的宣言有疑問呢？

在說服的情形下，你怎樣才能運用這種容納、尊敬和畏懼的態度？你可以對專業的力量輕輕敲問，從中獲得新的知識。

在正常情況下，大多數人對於電腦專家、科學家、教授或者股票經紀人、醫生的話很少有懷疑的。爲什麼我們不懷疑呢？因爲不知什麼緣故，我們自然而然會信服其在專業上所知道的比我們多。

若要表現你有專業技能或知識，該怎麼樣做？

在交手之前，先樹立你的背景和威信，如這樣做，甚至沒有人敢向你的言辭提出挑戰。換句話說，在繁雜的會議中，參與者常對所討論的事情的某些方面缺乏專業知識，這是事實，而你藉此便可抓住賺錢的機會。

無論什麼時候，只要有可能，你大可預先做些準備。談判的重要性若使你非贏不可，則花時間下功夫準備是值得的，特別是針對談判的議題下苦功。你如果知之不多，只須表示一些銳利的評論，或在專家莫名其妙的說話中，加入幾個精選過的字眼，隨後閉嘴便可。

尤其不要自命不凡，在今日世界裡，「死魚到處都是，知識也到處都是」，在所有的領域裡都要成爲專家是不可能的。對大多數談判者而言，所需具備的唯一專業知識是：提出理智的問題的能力，並且知道你是不是獲得確實的解答。若因爲對方對所討論的議題曾寫過兩篇報告和論文，你覺得你被對方超前了怎麼辦？沒什麼難的，當你面對專家時，不要過於敏感，訓練你自己經常說「你能夠以常用的語言解釋一下嗎？」再加上少量的無知與有禮貌的堅持己見、提出問題共同混合使用，常會把所謂專家的態度和行爲改變過來的。

記住，改變和新觀念只有以口咬碎片般地慢慢提出來才是可接受的，要變更某人的觀點、思維、觀感和期望時，都要把這點記在心裡。對大多人而言，留在常規之上較容易，事實上，一定格式和習慣之分別，只是程度的差別，只有耐心地堅持去改變，才有希望改變他們，並完成你的目標。

三、辯論的妙法

進行辯論，是說服中常用的一種方式。進行辯論時，最重要的關鍵便是條理分明，在《孫子兵法》中，最廣爲人知的一句話就是「知己知彼，百戰不殆」。無論對方以何種邏輯進攻，只要能找出其弱點，並有條理地攻其要害就行了。

辯論有三要素構成。例如，要條理分明地說服對方時，必須按如下程式進行，「前些日子生產了一些不良產品，經過調查後發現，其原因是使用不良的材料所致，因此，必須立即改進材料檢測方式。」

這是根據最簡單的因果關係的邏輯，在這裡毫無推論的餘地。

另外，另一種情況是：「昨天下午三時，你不在辦公室，由於你有不在場的證明，因此在辦公室的保險櫃偷錢的人不是你。」

這種說法便含有推論的成分在內。

事實——當時你不在場，而在籃球場。

論據——一個人不可能在同一時間分別出現在兩個地方。

結論──你不是嫌疑犯。

爲了使結論成立，必須有條理地說明事實，使任何人都能有所了解。而且，此事實所引出結論的論據，必須使任何人在稍加思考後，都覺得它極其自然。當對方舉不出有力的事實時，你就應努力說出令人難以否定的事實，從而依據你舉出的事實攻擊辯論對方。

你可以舉出的事實大致有：

對方已經知道的事實。

目前的事實或印象。

對方所信賴的人曾說的事情。

有科學根據的事情。

大部分的人都會爲自己的動作辯護，因此，當你對一個說話滔滔不絕的人說：「你和別人說話時，總是自顧自地說個不停，不肯給別人說話的機會。」這時，對方大多會反駁說：「哪有這種事？我一向都很仔細地聽別人講話。」

在這種情況下，最好是能將這個人與別人談話的情形錄音下來，這樣他就無法再爲自己辯解了。當然，做到這一點是困難的，但他們應該努力去尋找令對方無法否定的事實作爲自己的論據，這是具有普遍意義的。

當辯論對方在攻擊你時，你首先要給對方下馬威，然後再向他發起攻擊。

攻擊的方法如下：

此一事實有無科學上的客觀證明？是否只是道聽途說或人們的謠傳？此一事實是否由這方面的專家所提出的？負責蒐集資料的人是否值得信賴？

此一事實的調查方法、調查期限以及調查資料的質與量是否適當？

此一事實是否失之偏頗？所蒐集的資料是否充足？

此一事實的分析是否合理？分析方法有無毛病？

總而言之，只要能斷定對方所提出的事實不值得信賴就行了。一般而言，「原則論」大多會獲勝，因爲原則是社會公認的，此論據誰也不能否定。

在正常情況下，要攻擊對方的論據時，可攻向對方的下列各點：

事實解釋錯誤。

此事實還有其他的解釋方式。

事實被擴大解釋。

除了攻擊對方論據的方法外，我們還可運用直接攻擊對方主張（結論）的方法。

運用此方法的時候，是用與對方完全不同的事情或論據，引出否定性結論。

在辯論中常常獲勝的一個因素乃是堅持力。這堅持力會使對方感到疲倦。

有時候堅持是盲目的，就是說，使對方不能抓取你的觀念；另一時候，是他明瞭你的推理的力量，然而他卻拒絕承認它。在此兩種情形中的任何一種之下，假若他對其意見非常堅持而頑固，則你會從極端疲倦中舉手高呼道：「好好好，照你的話說算了。」

從前，在紐約百老匯常有許多便宜衣裝舖，那些店很少有人光顧，於是他們僱用了一個有力而頑固的人，硬把那些勉強的顧客拉進來。只要一看見有人走過來時，那位店員就阻止他前進，請他進店觀看那些紐約城中物美價廉的服裝，即使是行人說不想買衣服，他仍堅持說你該添置一件衣服。

當然這是缺乏技巧的堅持，不過從上述事實中已經描繪出了它的原則，就是要在不懈的堅持中削弱對方的攻擊力，逐漸被說服，直至最後一分鐘。

不同的看法激發起說服的生命。倘若我們都在同一視角上看同一件事物，假如得出的看法又是永不衝突的，那麼，這樣的交換意見是多麼的乏味！談判者需要說服，在說服中撞擊出思想的火花。說服需要有辯論存在，那將能磨練我們的思維邏輯。

誠然，有人會說，何必要辯論呢？一般地說，人們所以要辯論，有著二個主要的原因：

他們想要證明幾點理論。

他們想要完成幾點理論。

新理論的誕生，需要在不斷的辯論中完善，而社會生活則不時地在呼喚新的理論。

請記住最後一句話：辯論亦應在歡天喜地中進行。

第二節　邏輯在辯論中之應用

一、如何使對方啞口無言

所謂三十六計，走為上策。遭受攻擊時，如果沒有把握勝過對方，最好是趕緊撤退，以免使自己陷入僵局。當然，這是不得已時才採用的方法。

但是，撤退不是潰退，應該講求技巧。

切斷對方啞口無言的訣竅，便是使對方陷入茫然、不知所措的狀態中。因此，只要打斷對方思考時的正常流程就行了。

最簡單的方法，是在對方說話時，鄭重其事地邊點頭邊說：「有道理」、「原來如此」、「然後呢」、「最後怎樣了」。

這樣一來，大多數人都無法保持原有的冷靜，不久，連自己在說些什麼都會搞不清楚，因此音調都會逐漸降低。此時，你只要再進一步說：「哎呀，你趕快說下去。」對方的整個思考節奏就會被全盤打亂。接著，你可抓住契機改變話題，換上你早已有準備的內容，你也就不怕對方了。

使用抽象語言和難懂語言。當對方根據具體的事實，有條不紊地進行談話時，如果你估計沒有多大的勝算，不妨用語言打煙幕戰。

例如，當孩子要求增加零用錢時，你可以參考以下的說法：

孩子：「因爲……，所以我的零用錢根本不夠花。」

母親：「唉，你不了解家裡的情況。如果貨幣升值，你爸爸的公司大喊吃不消，或許獎金都會大幅度減少，再說，你有沒有想過，學生時代本來就應該把心思用在課本上，其他像服裝或休閒活動等，必須符合自己的身分。我們不是有錢人家，你年紀也不小了，應該多爲家裡想想啦！」

在這個例子裡，是將零用錢這個具體的問題擱到了旁邊，先提到國內經濟狀況和家中的狀況，再扯到學生應有的做法。

像這樣，以抽象度高的事實來加以說明，使具體的問題相形之下顯得不重要了，因爲這具體問題將會被「大問題」所淹沒。

此外，也有以難解的語言，使對方一時墜入茫然中，這種方法尤其對自尊心特強的人或自卑感特重的人更為有效。其關鍵是使對方誤以為某事只有他不知道，其他人早已詳知。

在會議中，經常有人會在漢語中夾雜一些英文詞句，也有人喜歡引用名人的威懾提高自己的說服力，如「康德說……」、「托爾斯泰說……」等等，這些做法都在於增加對方的心理壓力，從而增加辯論取勝的概率。

因為當人的腦中呈現糾葛狀態時，判斷力往往會減弱。所謂的糾葛狀態，就是指迷惑不定，不知如何是好的狀態。

如果對方以「這問題必須趕快解決，請立即作決斷」為由，不斷地逼迫你時，你可以說：「我知道這問題很緊急，但若考慮到事情的重要性，就不應該急於一時。欲速則不達，凡事還是慎重地進行較好。」

這麼說的意思是，強迫對方重新思量緊急性和重要性這兩項判斷要素。

如果對方不能由此兩項判斷要素選擇其一，難免會左思右想而迷惑不定，最後只好稍作退讓，認為解決的時間拖得久一點，也未必是壞事。

「重要性」的定義範圍很廣，因此一開始便強調它，可使對方如墜入五里霧中。若對方反駁說：「你所說的『重要性』，事實上，並不比我說的緊急性重要。」你也可以如此反擊：「這只不過是你考慮過多而已。關於這一點，或許大家都有各種意見，所以，還是慎重行事為宜。」

在此，使用「大家」這一抽象語言，是為了增加效果，因為任何人都不知道「大家」究竟是指哪些人。

善用語言，也可使對方墜入茫然中。

「大致上衆人的意見是一致的」。「大致上」究竟是什麼意見？這是善用語言，使對方覺得好像有所一致而同意的權宜之計。只要對方同意，以後再適當處理細節就行了。

當會議進行得不十分順利，並且意見紛紜時，不妨說：「我看，會議到此暫時中止……」，這是使用語言的隱遁術。因爲雖然會議尚未有結果，但與會者大多希望就此收場，以免無聊地拖下去。這時如果有人鍥而不舍地說：「等一等，在沒有產生結論以前，應該繼續討論下去。」此時將會遭到大家無言的抗議與反感。

A：「我不了解這項方案的情形。」

B：「既然已到了這種地步，以後頂多也只是五十步和一百步的差別而已，結果都是一樣的。」這是一種以語言打煙幕戰的方法。俗話說：「五十步笑百步」，其實並無多大差別。B 所說的話乍聽起來似乎頗有道理，也就是說，很容易讓人忘了在現實生活中，五十步與百步的差異是非常大的。

技巧地使用含義不明的字句，也能產生極佳的效果。

上司：「我希望你們自主地去實施計畫。」

部屬：「這麼說，我可以自行判斷並放手去做囉。」

上司：「不錯。但你要多主動地提出報告，匯報進展情況。」

部屬：「那麼自主地實施是什麼意思？主要是表現在哪些方面？」

上司：「主要是說，你們要好好地思考過後再做任何事情。」

部屬：「哦？」

在這個例子中，上司以「自主性」字眼使部屬墜入五里霧中，雖然上司反覆強調要其部屬「自主地」實施，但眞正的意思是「你們要和我商量過後再去實施」，這一模糊的字眼取代了命令或說法，容易使人接受，使用這一字眼的目的僅限於此。

「笑」有時在辯論說服中也有獨到效果。當對方給你出了難題時，你可以反覆笑著說：「瞎說，別開玩笑！」由於你的表情顯得既不在乎又自然，對方反而會開始擔心，以爲自己哪裡眞出錯了，在這些時候，耐性是最重要的。

二、反擊術的運用

當對方以一大篇的道理來進攻時，採取反駁和反證的反擊術，將是十分有效的。此時，己方觀點即便有弱點軟處可抓，但應該相信，對方也很可能有類似的軟處和弱點。因此，只要刻意進攻對方的弱點並主張自己的邏輯，將是明智的。以下針對各種情況分別介紹各種反擊術。

（一）對方以大道理進攻時

如果你能否定對方的邏輯，大可加以反駁，當對方向你進攻時，他可能就是針對「辯論三要素」（事實上—論據—結論）的弱點，分別加以否定。例如，針對事實而言，他會攻擊「根據我們的調查發現，根本沒有這種事實」，或者舉出相反的事實，反而引起一場圍繞事實的爭論。

要在這種場合獲勝，最重要的是，必須再度證明自己所舉出的事實，以及否定對方所提相反的事實。這時的問題是，必須注意事實的正確度，以及是否具有權威。

如何證實這一切，關鍵在於要根據初步資料，亦即根據實施調查所獲得的事實狀況。

此外還可依據最具權威的專家所認定的事實。

對方進行反駁時的第一步驟可能如下：「根據我們的調查，不僅沒有此事實存在，而且眞正的事實剛好和你說的相反。」這時，你可向對方提出要求：「請你們發表進行調查的人員情況、調查方法、分析方法以及結果。」接著，尋找對方暴露出來的弱點進行反擊。弱點總是有的，調查結果絕不可能無懈可擊。

這種反擊法，僅限於確信己方的事實更正確時使用。

同樣是以大道理來進攻，但對方有時會以忽視現實的「應有論」來進行攻擊。

例如：「你們說，此產品賣不出去，但這是我們經過市場調查，花費不少苦心才開發出來的產品，怎麼有賣不出去的道理？應該是可以順利銷售的。是不是你們營業部不努力？只要大家全力以赴，相信是有辦法的。」

要反駁上述這段話相當困難，除了提出使對方不得不認同的新事實外，別無他途。例如，請具有權威的行家進行針對此商品的消費者意見調查，並且請對方參與，以免日後產生調查結果時，對方又會說：「別人的調查，不可依賴。」

其次，要介紹攻擊「論據」而加以反駁的情況，一般而言，整體的論據總有破綻存在，只要針對破綻就足夠了。

例如，你主張：「上班時間跑到咖啡廳去喝咖啡，違反公司的規定。」結果對方反駁說：「知識分子所從事的是頭腦工作，喝咖啡可使頭腦更清醒，有助思考工作方面的事，因此喝咖啡也等於是工作。」

對此，你應該如何反擊對方的說法呢？

對方的論據是「只要在想工作方面的事，就等於是在工作。」若此論據正確無誤，那麼，就等於說下班回家了，仍然有很多人在工作，因此，你必須用公司的規定來駁對方的論據。例如，不在自己的崗位上，爲了喝咖啡跑到咖啡廳，顯然已違反了公司的規定，不必在「工作定義」上與對方多費口舌。

還有，當對方提出這一論據時，除了正面反駁外，還可以旁敲側擊的方式進行。例如，你可以要求對方：「只要你拿出確實能證明他們一直在思考工作方面事情的證明，我就相信你。」要拿出這種鐵一般的證明，是困難的。

這種側擊方式的優點在某個和尙的故事中也有所反映。有一天，幾個人故意爲難一位和尙，要求他抓住畫在屏風上的老虎，這位和尙聽後不慌不忙地說：「你們從一邊把老虎趕出來，我自然有辦法抓住牠。」

（二）當對方轉換邏輯時

我們有時能聽到這樣的話：「他所說的話我很了解，可是看他說話時的那種神情，怎能讓人接受？我就討厭他說話的模樣。」

這是將合理的邏輯，轉換成感情邏輯的例子。

對於感情邏輯，必須以感情邏輯來應付。例如，當雙方在進行交涉時，其中一方對另一方頗有反感，其理由是：「既然他們有求於我們，好歹也應該客氣一些，怎麼一開口就說：『你們必須協助我們』，簡直莫名其妙。」

如果發現了這點，對方應改變戰術，放低姿態。

再看下面一段轉換的情況：

夫：「你平常不好好管教孩子，所以孩子才會這麼差。」

妻：「我整天忙著做家務，總不能有分身法吧？」

夫：「我不是這個意思。我只是要你儘量多注意他的情況。」

妻：「你是說，我還不夠注意他。」

夫：「不，我是說……」

妻：「既然你這麼說，我倒要問你，你認眞地爲孩子做過哪些事？」

夫：「當然做過，但我和孩子在一起的時間很少……。」

妻：「那我還不是一樣？」

夫：「這……。」

這段對話的主題原是：孩子太差勁，該如何改善？結果卻不是如此。由於提出話題的方式不對，因此才讓妻子有機可乘，並提出防衛及反擊的架勢。最初，丈夫的主張是「妻子應多管教孩子」，最後卻被妻子轉換成「丈夫也應爲孩子多想想。」

那麼，上述對話的結果有否可能改變呢？

有兩個契機是丈夫應該把握住的，一是最初提出話題時，只希望對方對孩子負責的說法是欠妥的。二是當感到話題逐漸偏離主題時，就應暫停「進攻」，使對方恢復心理平衡狀態時再設法。如當說到「我整天忙著做家務」時，丈夫應該當即停止進攻，採取緩衝語氣說：「的確，在忙家務時還要抽空管孩子，的確很難。那麼，你認爲什麼時候去管比較適當呢？」這樣一來，既不會傷害到妻子，又可激發其自發性，使她動腦筋提出建設性建議。

由此可知，對方想轉換話題，只要是爲了採取防衛手段，因此在這個時候，你若採取鍥而不舍的攻擊方式，必敗無疑。

在外交場合，當談判或國際性會議陷入僵局時，常會有人嚴肅地說：「再談下去毫無意義可言，因此我們要求退席。我再說清楚一些，今天導致這種狀況，你們要負全部的責任！」

這也是運用了邏輯轉換。事實上，交涉陷入僵局，很難說是某一方的全部責任。一般而言，其中必有一方提出對方認爲苛刻的要求，也必有另一方無法接受對方的要求，交涉才會導致僵局。而透過這樣的邏輯轉換，責任更加到了單獨一方的頭上。

（三）如果對方攻擊細節時

這是吹毛求疵的作風。當 A 、 B 雙方大致上獲得協調時，快接近結束時間的時候， A 方卻不厭其煩地吹毛求疵，使另一方覺得掃興，然後 A 方趁機要修改 B 方原已確定的大原則， B 方往往爲順利結束而接受對方的得寸進尺的要求。要對付這種方法，應該對其的部分性攻擊不予理睬，除非對方所攻擊的是你的細節中的要害細節，否則便可反駁說：「的確，這部分是有探討的餘地。不過，輕重緩急必須弄清楚，我們必須優先考慮大原則是否正確。」把討論主題拉回到原則問題上來。

例如：一艘輪船在海上遇險，這時首先最主要的論點是「如何拯救所有的旅客和船員」，至於「遇難旅客的賠償問題」、「救女性旅客登小艇時應注意禮貌問題」等，則是次要的問題。

（四）當對方重視感覺時

一位上司對部下所提的建議表示了這樣的態度：「你的設想很周到，精神可嘉，但我覺得未必可行……」、「哪裡應該修改呢？」、「我一下子也說不準幾個環節有問題，反正總覺得它不太可行。」

這樣的態度很難應付，因爲你找不到反擊的目標物，除了恭敬退場外，別無良策。當然，你不可小視上司的直覺，因爲畢竟經驗豐富，比你更能意識到危險的存在。在此基礎上，你可以不厭其煩地將稍做改動的建議方案提出，最後肯定會使建議符合上司的直覺。這未嘗不是一個方案的完善過程。

一般人是比較習慣使用直覺的，這本身也是感情邏輯的範疇。此時，對方使用感情邏輯，你不應輕易退讓。例如：

A：「我請你辦這件事。」

B：「這件事很難辦，太沒把握了。」

A：「困難在哪裡呢？」

B：「外部環境不利，且又有其他部門來阻擾。」

A：「不要先下這樣的結論。」

B：「我感到這事辦不成，所以不敢答應。」

此時，你應該讓 B 具體提出他辦不成的觀點和根據，接著再告訴他：「你說這件事辦不成？好，現在我們一起來想使它辦成的方法。」這樣就堵住了 B 的退路，然後再向前推他一把，於是，「辦不成」的觀點很可能消失了，而「可能辦得成」的依據卻增加了許多，B 也就容易提出努力去辦成的興趣和幹勁。

上述例子表明，當對方以重視感覺的邏輯拒絕你的要求時，你可用根據事實的邏輯，說道理讓對方了解，最後別忘了說上一句：「相信這樣你一定能辦成。」

三、無懈可擊的「詭辯」

在外交場合，或者記者招待會上，經常能見到這種技巧，被人們俗稱爲「外交辭令」。其特點就是不讓對方抓到任何小辮子，而且對於對方的提問，大都含糊其詞地作答。

在日常生活中，「我會妥善處理」是一句使用頻率較高的語句。這句話並沒有具體指出究竟答應做什麼事，對方並不知它意味著「依照你的要求適當地謀求對策」，或只是「你的話我聽到了」而已。

如果對方聽到「我會妥善處理」這句話，而一廂情願地作如意的解釋，那麼責任並不在說這句話的人身上。因此，如果日後對方追究說：「當時你不是說會妥善處理嗎？」這時，只要回答：「我依照你的要求全力以赴，結果卻無法達成你所期望的事，眞遺憾！」如此就行了。此外，類似「我會妥善處理」的詭辯說法，還包括「不排除……情況發生的可能性」、「這種事不發生的可能性」等等含糊的意思。

這類詭辯完全沒有「斷言」的意味，這是十分圓滑的說法，日後大可自圓其說。據說，西方政界要人遇有人請求他辦事時，常會回答說：「知道了，知道了」的習慣。他們有時也習慣用「我將用我的政治生涯作賭注，全力以赴」，但「政治生涯」到底是什麼呢？「全力以赴」究竟是指付出何種程度的努力呢？如果你說，以「常識」想想就能懂了。固然這麼說，但政治上的常識卻是異乎尋常的超常識。

以常識來講，「以政治生涯作賭注」的意思，應該是「辭去公職」，可是，他最後一定會說，「如果我輕易辭職，就無法完成對選民的責任。」

某國一位首相經常說：「從不考慮解散國會」，但有一天，他卻突然宣布「解散」。

當他被人追問這一點時，他毫不在乎地說：「事實上，直到今天早上我下定決心爲止，從未考慮過要解散國會。」

在此，「考慮」一詞也被應用到詭辯了。一般所謂的「考慮」，是只針對某一問題加以檢討的狀態，如果我們以此常識來想，那麼他的解釋顯然就不通了。

原來，首相的所謂「考慮」，是指「決定」的意思。也就是說，他是在今天早上作決定的，因此，「直到今天早上爲止從未考慮過」的說法，也就變得勉強說得通了。

總之，這是詭辯的一種，在常識上是說不通的。

「詭辯」的技巧並非只用於被動防守，有時也是利用一種矛盾，攻擊對方話中弱點的有力武器。

推銷員在從事推銷工作時，大多知道顧客會毫不留情面地反對自己的說法，但若正面反駁對方，又怕會引起對方的反感，以致完全被拒。因此，當顧客已心動，只是還無法作決斷時，只要設法消除對方猶豫不決的心理，就可成立一筆交易。

下面以招攬保險的情況爲例：

客　戶：「我現在沒有多餘的錢可投保。」

業務員：「我了解你的意思，但是，就因爲你目前沒有豐厚的收入，所以更需要投保。雖然準備保費對你是件吃力的事，不過請你想想看，萬一發生意外，你的家人該怎麼辦呢？到時候，即使有些儲蓄，可能也未必能應付生活……。」

再舉個推銷消費的例子。

店　主：「我們有固定的進貨來源，不需要再向其他人購進商品。」

推銷員：「你說得對，以你目前的情況來說，顯然不需要再增添其他的補貨管道，但是，你沒有考慮到一點，而這正是你必須嘗試其他新貨源的原因……」

店　主：「哦？什麼原因？」

推銷員：「你如果想接受更周到的補貨服務，最好是多增加些貨源，好讓他們彼此競爭。再萬一貨源中斷，如果有另一家熟知的交易對象，不是方便多了嗎？」

由於使用這種方法時，有爲對方著想的意思，因此阻力就較小。在進行交易時，應避免採取強制性的推銷方式，無論對方是誰，只要你正面頂他一句或讓他下不了臺，對方必定會產生反感。

只要圓滑地選擇詞句，就容易獲得成功。如果再增加些幽默感，就更有把握不致落入僵局了。

有位幽默的教授曾發生這樣的趣談：

有一天，天氣非常冷，學生大多穿著大衣到學校上課。在課堂時，有位學生把雙手插進大衣口袋中，因此，教授對他說：「上課時，應該端坐並作筆記才對！」但這位學生的回答語出驚人：「事實上，我根本沒有手。」

這當然是天大的謊話，然而，如果教授當面斥責他，效果也未必好。於是，教授毫不在意地說：「哦！抱歉。不過，既然我能花費原本沒有的精力來上課，我也希望你能伸出原本沒有的手。」這位學生聽後，只好有些難爲情地伸出了雙手。

當公司正處於忙碌的時期，要請假通常需要有極大的勇氣。

「我感冒了，不得不請假。」這是常用的請假詞。意思是說感冒會傳染給周圍的同事，導致更多的人染病影響工作。但也有人認爲應該帶病上班，以示忠於職守。有鑑於此，這時請假就要注意語言技巧。如果把上面的話說成下面的話，可能效果好一些。「謝謝你們讓我休息。抱歉，拖累了大家。放心吧，我會在上班後把所有積壓下來的工作趕出來的，再見。」

這種說法就中聽多了。他由「拖累了大家」這句寒喧話引出了「我休息對大家都無害」的意思。

請再分析一下這段對話：

A：「你不是說過，要妥善處理這件事的嗎？」

B：「不錯，我的確說過的。但我的意思是，這是一件困難的事情，必須多加考慮考慮，請你多包涵！」

A：「這個問題應該朝這個方向解決。」

B：「很難說，因爲這個問題的本質在於……。」

在此，所謂「眞正的意思」、「問題的本質」都是抽象的遁詞。

有個人被上司以「你有經驗」爲由，派去從事一件很困難的工作。於是他對上司說：「要我來做沒關係，只怕效果會適得其反。對於這件工作，我的確比別人有經驗，可是，如果我是你的話，我一定會避開讓有經驗的人去做這件工作，因爲，就這件工作而言，過去的經驗反而會成爲一種桎梏。我了解這件工作的實際，最好還是派給其他的人去做。如果有必要，我可以推薦人選。」在此，這位上司如仍堅持派他去完成這項工作，便帶有冒著風險的色彩，他如果又出色地完成了這件工作，其影響也就自然比他不解釋就去做大得多。

轉換內容要點，也是辯論中使用的「詭辯」技巧。

A：「這工作應該由你部門來做，在規定上寫得很明白。」

B：「的確是這樣規定的。但如果你了解實際狀況，你就可以知道，由我部門來完成這項工作是不合適的。」

這是將「規定」賺換成「實際狀況」的說法。

A：「可是，你曾經答應過的。再說，書面上也寫得一清二楚，如今爲何變卦了呢？」

B：「我的確答應過，但當時的情況不能和現在的情況相提並論，這個事實，你必須看到，規定歸規定，雖然我很想遵守，但恐怕爲了機械地遵守規定，會給公司帶來損害。因此，如果我們針對現狀，謀求更妥善的方案，是最明智的選擇。」

透過這樣的周旋，即使不能改變仍然要自己部門去做的結果，但對方了解了爲何遲遲未完成的原因，並知道此原因不是部門的推諉或不努力，而是確實有些勉爲其難，甚至會產生當初如果全面地考慮，確實應該將此項工作交給更合適的部門去完成的念頭。這就是 B 想達到的客觀效果。

四、推翻對方觀點的秘訣

如何推翻對方的說法並進而說服他呢？這需要技巧。

（一）二等分式的技巧

所謂二等分式，就是取兩者之中庸的方式，當然，這並不是指絕對的中間值。例如，某廠要以四十萬元的價格，將整套設備出賣，這時，買賣雙方的反應過程可能是：

買方毫不留情地說：「那有這麼貴的價格！」

於是，賣方提議：「減少二萬元。」

買方仍然抱怨：「還是太高了。」並暗示對方，目前有許多廠商在和他們進行交涉洽談，價格都相對便宜，甚至可能取出估價單故意在賣方面前晃一下，以逼對方降低價格。

當賣方再減價一萬元時，買方還不肯接受，這時，賣方難免會有不耐煩的神色，於是買方才第一次表示自己的底價是二十七萬元，與賣方的價格相差十萬元。

爲了做成這筆交易，賣方最後的提議是在差價部分採用二等分方式，要買方再加五萬元。自己再讓五萬元，即定爲三十二萬元。

這是正常的反應過程，如果買方認爲還可有壓價的餘地，則會提出第六個反應程序：

如果要採用二等分方式，應取雙方最後差價的中間間數，亦即賣方定的三十二萬元和買方報價的二十七萬元之間的中報價，等於二十九萬五千元。

有時爲了改變對方的觀點，採用下列方法。

（二）拖延戰術

他們一味地尋找各種理由拖延時間，他們若明知賣方有截止時間，便更要拖到快臨這個時間。這時，賣方一定很難忍受，往往會肯削弱正常的判斷力，做一些開始時不肯的讓步。此時賣方的心理可能就是「只要多多少少賺點錢就算了」，而這正是買方有機可乘的依據。

日常生活中，消費者去選購商品，要讓賣方將售價降到最低的要訣，就在於使對方產生這樣的心理狀態。因此，你應向賣方提出一些問題要他說明，而且要陸續提出來。例如，「能不能再便宜一點」、「這種類型的商品，性能會不會比其他廠商或其他牌號的商品差」、「會不會容易損壞」、「售後服務怎樣」等等，當對方針對你的問題一一解答後，你只要說：「看來不錯，讓我再考慮一下」，然後作出欲離開的姿態，此時賣方便會容易主動降價到下限了。

當然，如果是有時間，不妨眞的離開櫃檯，然後隔一天的中午再次光臨這櫃檯，並告訴售貨員：「我是利用中午休息時間跑來的，時間不多，如果能降╳元，我現在就買，否則，我明天就要出差了。」

售貨員此時會怎麼想呢？他往往會這麼想，如果這筆生意不成，豈不是白花了那麼多的精力？因此你更有把握以下限價買到這個商品。

使對方投入較多的精力和時間，直到焦躁不安時，對方會較易接受讓步的要求。

（三）使對方心理動搖的戰術

先用強硬的語氣，後改用溫和的語氣，人們通常會由戒備狀態鬆弛下來。相反地，當事情進行得很順利時，如果聽到對方強硬的語氣，心理上便會倍受衝擊，這時若抓住機會提出解決方案，也容易使對方接受。

（四）僞裝撤退的戰術

當彼此的意見互相對立，問題毫無解決的希望時，應突然大聲地說：「這樣的會談再持續下去，只是浪費時間罷了。必須結束了！」然後憤然離席，但此時別忘了向對方說：「這次會談破裂，你們要承擔責任。」

這種戰術若與拖延戰術並用，將相得益彰。因爲對方認爲直至目前爲止已浪費了很多精力和時間，如果毫無結果不了了之，未免遺憾，因而會產生作些讓步以求結果的心態。

（五）氣勢壓人的戰術

例如，你向對方說：「這是常識，你怎麼會不懂呢？」對方往往會被震懾住，眞以爲自己才疏學淺，不懂常識，在心理上便將自己置於被動地位。

在公司裡，老職員們也經常用此法對付新進的人員，他們會說：「這也難怪，因爲你還不了解公司業務的實際情況，但我要告訴你，這是常識。」在這種對話中，聽者大多會連氣都不敢吭一聲，更別說再堅持自己的什麼觀點了。

爲了推翻對方的觀點，有時個人會顯得寡不敵衆，勢力單薄。這時，不妨合理調動己方的擁護者的力量，而達到戰勝對手的目的。

比如在會議中，要讓反對者充分表達反對意見，直到說完爲止，然後再由己方的擁護者提出意見。在此情況下，會議主持者往往會受後一種意見的影響更大。如果是這樣，主持者就會很巧妙地向擁護者提出詢問：「這次大家都坦率地提出了寶貴的個人意見，很有參考價值，下面我簡單地把大家的意見歸納一下，作爲會議的決定。」毫無疑問，最終的決定肯定對後一種意見採納得更多一些。

這樣，反對者可能不會再說出新的意見，他們已經有了言無不盡的滿足感，便會有自我安慰的心態：「反正該說的都說了。」

在某國，某地的人們為了改善當地的飲食習慣，發起了吃牛肉內臟的運動。原來當地人從來不吃牛肉內臟，此時，主婦們被分成兩個群體。

在第一群體中，專家反覆宣傳牛肉內臟的營養價值。而另一群體，在聽從簡單的演講宣傳後，分發一些資料，開始進行小組會議，主題是「如何使內臟加入我們的飲食生活」。專家也參加會議，但僅在有人提出時才回答。

後來，經過追蹤調查發現兩群體產生了兩種不同的結果。

A：只聽詳細說明的第一群體中，回家後將牛肉內臟端上餐桌的比例相當高，但後來其比例卻迅速降低，最後終於不再吃它。

B：召集小組會議的第二群體，剛開始時對牛肉內臟不熱衷，但後來卻逐漸提高比例，並一直維持很高比例的人食用牛內臟。

由此看來，開過會議且相互討論交談，對小組成員態度和行動都有極大的影響，他們可能不願採取和他人不同的行動而堅持食用，這是團體意識的作用。

這個團體意識作用也表現在觀點交鋒的其他場合。再以會議為例，如果某人發現支持自己意見的人處於少數時，就會明顯地感覺到眾人的壓力，感到孤立無援，因而也就容易動搖或放棄原有的觀點。

五、立於不敗之地的防衛術

當你的話中出現破綻，便很容易被對方駁倒，因此，進行談話時，最重要的是不露破綻，不讓對方有可乘之機。但是，做到天衣無縫是很困難的，那麼，如何挽回破綻呢？

首先，要鞏固自己辯論中所涉及的三要素。

如果對方抓到你所說的事實並不確實的把柄，你將全面崩潰，因此，你必須有周全的準備，使對方無論自哪個角度都找不到破綻，這是上策，防破綻於未然。

可能出現的差錯，是你誤將事實的一部分當作全盤情況，以經驗主義習慣的人最容易落入這一陷阱。這種人的口頭禪便是：「根據我的經驗……」，而當他被對方迎頭一棒：「你所謂的經驗，只是你所經驗過的部分和方面而已。」此時他便無言以對。

問題在於，要依據歸納法，提出「由這些事實加以推論而歸納」的意見，必須有多少事實呢？

作歸納時的推論，常有「由這項事實可說」的範圍限定，因此你的觀點也要限定爲「根據這項事實所表示的」。

所謂「論據」，作爲辯論三要素之一，其實就是你推論的證據。如此，當你想根據「遲到者太多」、「請假人太多」、「常出工作差錯」等事實，而得出「這部門業務太差」的結論，就必須有「紀律渙散的部門必定導致業績下降」的論據。

一般而言，論據需要有科學研究的支持才能證明，但通常情況下只要能夠爲一般人所接受，而且當時在場的多數人認同，也就可以了。

要防止「論據」上出現破綻，這是一件難度較大的事情，因為有的論據可透過科學的因果關係證明，而像價值觀等軟「論據」便困難一些。

例如，類似下面的情形：

A：「最近的年輕人眞不像話！」

B：「為什麼？」

A：「他們將工作當作遊戲，甚至還說，必須在快樂的氣氛中才能工作，但工作本來就是既辛苦又嚴肅的事情。」

B：「確實每個人都希望快樂地過日子。」

A：「以遊戲般的態度去工作，怎麼能有工作的高效率。」

在這段對話中，A 的論據「不可以遊戲般的態度面對工作」，這一論據是否正確，不能光看字面，如果仔細分析這段對話，那麼就會發現 A 將「快樂地工作」變成「遊戲般工作」缺乏說服力。B 如果願意，顯然也可以找出其他的論據來證明「快樂地工作」有利於工作效率。

因此，在辯論中這種模糊不清的論據還是最好不用。比如改說「最近的年輕人難以支配」，並以「不應逃避艱苦的工作」為論據，對方就比較難以否定其論據了。

再次，還要想出一個自己的結論不被否定的防衛策略，因為對方很可能會根據與你完全不同的事實和根據，來否定你的結論。

當然，採取防衛措施是件相當困難的事，不僅要先預測對方所可能提出的結論，也要多方刺探對方的虛實，最後再擬出對抗對方的策略。

因此，你必須先站在否定的立場，思考否定時所能提的觀點，接著再想出條理略勝一籌的結論。

這樣，就涉及到需要檢查語言中條理有無矛盾之處，運作時要注意如下要點。

（一）有無一貫到底的邏輯？在我們說話時，難免偶爾會脫離邏輯的軌道，因此務必先檢查邏輯問題，否則，對方一定會抓住辮子不放。克服邏輯問題的有效辦法之一是使語言簡明扼要。

（二）是否語意不明？語言不明的部分，最容易受到攻擊。比如說，你提出「今年的新進人員毫無工作幹勁」的意見，如果對方有意找碴，便會問你：「你所攻擊的新進人員究竟是哪些人？是大專畢業的還是高中畢業的？是男性還是女性？」他甚至會說：「根據調查顯示，女性員工幹勁不足，你認為呢？」此時即使你能勉強作答，對方也會很快地追問：「如何評定幹勁的優劣？」因為幹勁的解釋常常因人而異。你如果回答說：「有幹勁是指自動自發地工作」、「沒有任務指示也會主動協助他人」等，對方仍然會問：「難道遵守規章制度、熱衷於本職工作、有強烈的責任感，就不算是幹勁嗎？」

最好能避免這些語意不明的話。尤其是和年輕人交談時，若提出語意不明的論據，不僅無法溝通，甚至還會引起爭論。

（三）歸納性推論和演繹性推論的查核。歸納法是將許多事實經過比較、綜合，再找出其中共性的方法。相反，演繹法則要由少數的原理引出更多的結論，從而說明事物的規律。

由於日常生活中的實用性的緣故，因此大多使用歸納法，然而，使用歸納法時必須嚴厲，避免露出可讓對方攻擊的破綻。我們常由「許多年輕人在公共汽車上不肯讓位」歸納出「年輕人不懂禮貌」的結論，但這裡的「許多年輕人」是個含糊的概念，其占年輕人中的比例怎樣？這都關係到結論的成立與否，因爲結論中已變成了所有的，至少是大多數的年輕人。

作演繹性推論時，也易被對方擊下弱點。演繹推論的程序典型的是「三段論」。例如：

所有的人都會死（大前提）。

A 是個人（小前提）。

所以，A 會死（結論）。

這時，必須先證明大前提和小前提都是事實。

但有時三段論也會被誤用。例如：

大人都喜歡說謊（大前提）。

老師是大人（小前提）。

所以，老師喜歡說謊（結論）。

在這裡，問題在於大前提未經證實，因爲並非所有的大人都喜歡說謊。

再看一個例子：

並非所有的大人都喜歡說謊（大前提）。

老師必須教育孩子（小前提）。

所以，老師不會說謊（結論）。

這時，雖然前提都是正確的，但邏輯上卻出了錯誤。

在公司中提建議時，如能獲得部門的同意便較易成功（大前提）。

這項建議有可能獲得部門的同意（小前提）。

所以，這項建議會通過（結論）。

在此，即使假定和前提都對了，但結論卻出了問題。問題出在小前提上，由於「有可能……」並不意味著「一定會……」，但生活中人們通常都急於產生結論，因而難免會造成邏輯上的混亂。

（四）因果關係的查核。某家工廠一臺馬達燒壞了，現場監督者作出如下推論，並進而主張修定工作規程。他的推論是潤滑油耗光→操作手不注意→監督者指導無方→監督者權責不明確→不完備的工作規程。

其錯誤在原因過於普遍化、抽象化。事故可能僅是特定的一位操作工的疏忽，將此特定的原因擴大到普遍性，並抽象到修改規程，這種因果推論自然會出錯。

（五）類推要小心地使用。例如，A 公司的業務員提出，B 公司推銷能力強的原因是其廣告宣傳戰術和回扣戰術高明，因此，A 公司也大幅度地提高廣告費和回扣額，然而卻未能獲得預期的成果。

仔細分析，這是類推的錯誤，在比較 A 公司和 B 公司的銷售能力時，除非在宣傳戰術和回扣戰術之外的眾多因素都相同，在此前提下這一類推論才能成立。而實際情況可能造成銷售能力優劣的因素恰恰不在前提的兩個戰術上，可能是產品質量，或者是產品款式與性能等等。因此，要做類推時，必須注意：除非要你比較的雙方，條件幾乎相同，否則就無法成立；即使某種狀況和某一點上相似，如果其他更重要的方面並不類似，也無法成立。

第十章

辯證法——辯證邏輯

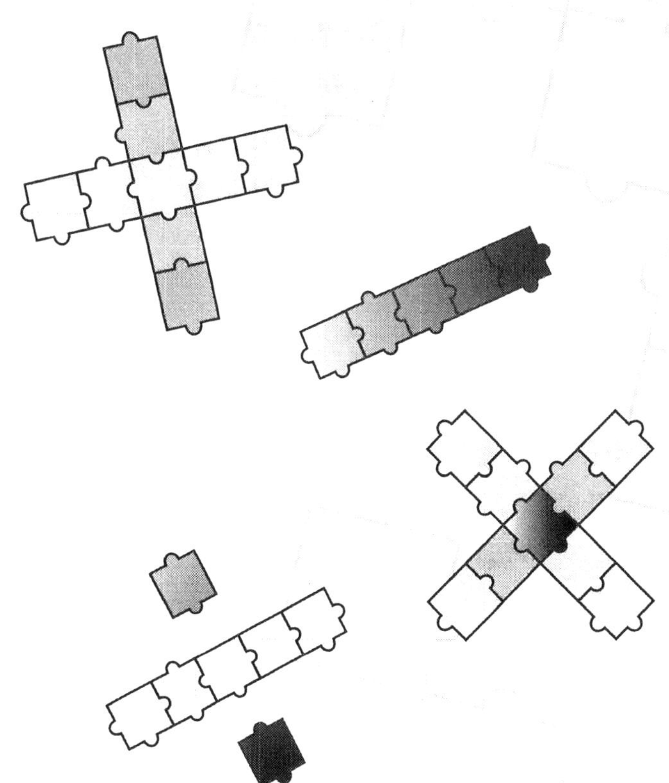

前面各章大部分都是談形式邏輯，一般學者稱爲「靜的理則」。基於宇宙間的狀態，有「靜」也有「動」，所以「動的理則」──辯證法有其研究的必然性。否則，只知宇宙間「靜」的層面，而不知宇宙間「動」的層面，只識其一不識其二，尙不能算是「全知」，更談不上「眞知」。

同時，一般人對「辯證法」有些不正確的看法。先總統　蔣公說：「一是聞辯證法（唯物）而色變，根本不敢覷視，更不願去窮究，存著一種苟免的畏共心理。一是憤恨唯物辯證法，是禍國殃民的，認爲凡是辯證法，都是罪惡之源，不管唯物或唯心，都一概鄙棄，認爲不値研究。另一種認爲辯證法是一服萬靈金丹，有盲目崇拜的心理，可以說是患了眩共病。」先總統　蔣公講到黑格爾辯證法時，他說：「我對革命幹部教育，始終要採取黑格爾的本意，也就是在他思維方法──正反合的三段落的這個法則。」又說：「過去因爲大家沒有認眞研究，確切運用，更不注意這個法則，去熟籌對策，反擊敵人，結果處處爲敵人乘虛抵隙，坐令共匪對我『擴大矛盾』、『製造否定』、『加速突變』，致使我整個大陸爲其竊據，革命事業，幾致中斷。」

從這些提示中，吾人不難體認出：

（一）黑格爾辯證法必須要懂，還要會運用。

（二）唯物辯證法必須要懂，還得要會破解。

（三）我們不能做「眩共」的投降者，可是「恨共」無補於事，「畏共」更不應該。

這就是邏輯──「理則學」課程一反往常，增加「辯證法」一章的眞實用意。

第一節　黑格爾辯證法基本法則

辯證法的思想在黑格爾以前就已經具有雛形了，而黑格爾則是完成辯證法的體系並著稱於世，所以講辯證法多是從黑格爾辯證法談起。基於它奠定在「動」的基礎之上推演的，所以黑格爾辯證法又稱「動的理則」（指與形式的靜的理則相對而言），又因爲黑格爾係唯心論者，也稱唯心辯證法（指與馬克思的唯物辯證法相對而言）。其主要特色，在於反對形式理則的思想律。依據同一律：甲即是甲，非甲即是非甲；甲中不含非甲，非甲不含甲。又用矛盾規定：甲不是非甲，甲與非甲最多有一個。又用拒中律規定：甲或非甲之中最少有一個，不能說甲與非甲一個也沒有。但是黑格爾辯證法卻認爲：甲可爲甲又可爲非甲，甲中含有非甲，非甲中也含有甲。因此甲與非甲的固定性和抽象性爲其所超越。甲與非甲原本是相反的，在黑格爾看來卻是同一的，所謂「相反者的同一」。這可以說是黑格爾在理則學思想上的一大發現。

形式理則的思想律，固有其用途，但只能想到甲是甲，及甲不是非甲而已，思想無從進一步發展。黑格爾辯證法的目的，在超越概念的固定性和抽象性，而用以說明玄學上所見到的絕對概念——理念及其發展程序。

還有一點要說明的，黑格爾雖然駁斥了同一律，但是並非不承認同一律，他只是說同一律不夠完整，只看到甲是甲，但未看到甲也是非甲，他把兩者都看到了，他的辯證法是最周延的。事實上也是如此，如果他不承認同一律的話，那他的「甲是甲又是非甲」也不能成立。再者，黑格爾的「存在論」就是依同一律爲起點的，否則哪裡還有什麼「正、反、合」的發展程序呢？

黑格爾辯證法的基本法則，概分三大部分，茲就其主要者說明之。

一、存在論

黑格爾把討論具體現象部分，稱為「存在論」，放在第一位，即是初步的、低級的，並不是十分重要的階段，這相當於「正」。但是既然是存在，就必然有其「質」有其「量」，而「質」、「量」則是有變化的，即是「量變質也變」、「質變量也變」。

就形式理則論，「有」與「沒有」，「存在」與「非存在」是不同的。但黑格爾看來沒有所不同，他認為「存在」與「非存在」是同一的，「有」與「沒有」是同一的，因為有一個轉變（或發展）的概念存於其中。

這個轉變的概念，就是由無到有，或是由非存在到存在的「生起」；與由有到無，或是由存在到非存在的「消滅」。這個「生起」與「消滅」兩種作用停止的時候，就是「存在」。因此，存在固然是存在，同時又是非存在。要是它僅有存在，就沒有變動，那就什麼東西也不會產生。如果是不存在，空無所有，就等於零，那什麼東西也都沒有了。

因此，存在是存在，又是非存在，所以才有變化，也會變成他事、他物，變成一切。這就是存在裡面所包括的矛盾產生轉化，這就是發展的概念。轉化是存在和非存在兩種統一的更高的綜合。

二、本質論

黑格爾把討論內在的狀態部分，稱爲「本質論」，放在第二位，是複雜的、具體的概念，相當於「反」。內在的狀態計分爲二：「統一的對立」、「對立的統一」。

通常吾人所見到的、接觸到的是現象，但是現象是由本質表現出來的，要是把本質看做爲現象發生的原因，它就是「力」。也就是說本質有所變動，現象隨之變動。

由於本質變動現象也隨之變的推展，以至於根源和歸結、力和表現、動作者和動作、實質和形式，這些二元，都歸到活動的概念。因此，活動與實在同義。活動的以外，沒有實在；實在的以外，也沒有活動。絕對的靜止，是不存在的。

如果把本質（實在），看做活動的必然原理，它就變成實體，也就是許多樣相的總計。他認爲這個實體，雖然是複雜的樣相的總計，但是用有機的結果，和它的樣相，互相結合的總全。它是樣相的原因，樣相是實體的結果。原因不能夠與結果分離，原因是在結果裡面，正與靈魂在肉體裡面一樣。

本質之所以會變動，是其含有內在的矛盾，但其發展的結束，則又統一了。所以黑格爾認爲：宇宙不僅是對立的、矛盾的，同時也是統一的。

三、概念論

黑格爾認爲：由存在先發展爲本質，再由本質發展即爲概念；再由概念（即新的正）發展到本質，繼而不斷的向上發展，直到絕對。這裡的概念是發展的第三階段，相當於「合」。發展狀態也分爲二：（一）否定之否定；（二）否定之否定。

兩者名詞相同，但其含義相異。前者係表示，概念（合）係由存在（正），經本質（反）而來的；後者係表示，概念（新的正）還要繼續不斷的依「正」、「反」、「合」的程序發展下去，直到絕對理念爲止。

黑格爾認爲：概念是指實體的全部。有主觀、客觀與絕對三種概念。前面所講的「存在」、「本質」等概念，都是由相異的同一、相對的絕對總全而來。一切離開總全，都沒有實在性。「質」、「量」、「力」或「原因」，沒有不是由於總全所產生的。要是離開總全，就是什麼東西也沒有。

黑格爾認爲自然界裡面，沒有一種東西是孤立存在的；思想界裡面，也沒有離開自然界而獨立存在的概念。所以存在與本質，到達概念時，便回到絕對。

總之，所謂「黑格爾辯證法」，簡單的說，就是最初由「正」，發展爲「反」。「正」、「反」經過「揚棄」作用而發展到「合」。這個「合」內部乃有矛盾，於是作爲第二步的「正」，再發展爲「反」，「正」、「反」再經過揚棄作用而發展爲「合」。不過這個「合」較先一個「合」略有進步。但並非最高的，也不是最後的。依「正」、「反」、「合」程序發展下去，直到「絕對」的境地。其中再沒有矛盾的，那才是最高的，最後的「合」。依此發展程序可以畫圖如下：

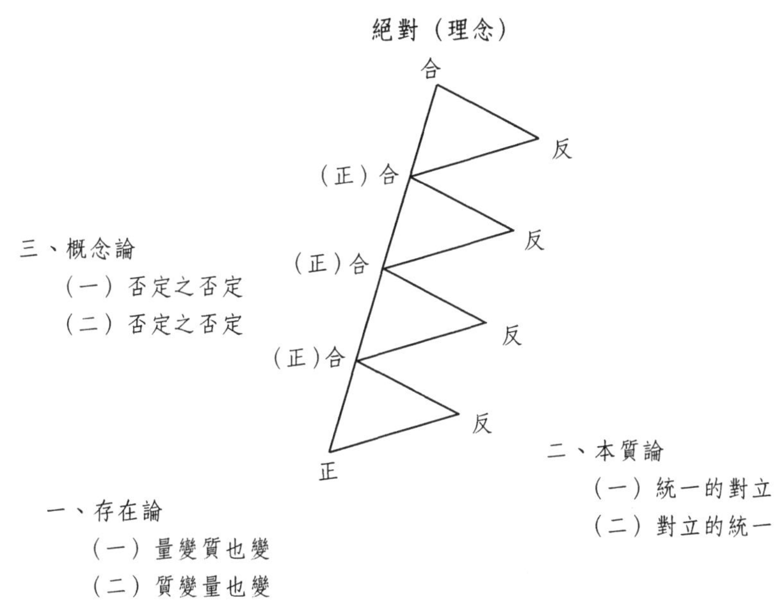

先總統　蔣公所以曾說：「黑氏的邏輯學，無疑的是一種辯證邏輯。黑氏有一個『絕對』理念，作他思想的基礎，他的辯證法，就是爲了要證明這個『絕對』的存在意義和價值。」又說：「總之，二元論的一切矛盾在黑格爾看來，無不可以用辯證方法爲之解決的。黑氏認爲辯證過程中的「活動力」（或實在）能使一切矛盾概念，變爲邏輯的統一。就是說，最後的矛盾，將由『絕對』理念爲之調和解決。這個絕對理念，乃一最高的範疇，也就是『存在』發展的最高和最後階段。」

第二節　黑格爾辯證法實際運用

關於黑格爾辯證法的理論法則說明到此爲止，下面就他的實際運用加以說明。在說明實際運用以前，在觀念上有幾則必須先行加以澄清的。否則，不但對黑格爾辯證法無法了解，即與形式邏輯又混淆不清，結果在應用上恐難免錯誤。茲列舉如下：

（一）著眼點不同：辯證法著眼點在「變」、「發展」、「進步」、「活動」等等，著重在實質方面。形式邏輯著眼點在「靜」、「判斷」、「推理」等等，著重在概念間之關係方面。

（二）名詞含義不同：同一名詞，在形式邏輯的意義，與辯證法的意義有時不盡相同。例如「概念」，在形式邏輯中，它是靜止的、恆久的、不變的；但在辯證法中則不然，它是活動的、發展的、可變化的。

（三）矛盾解釋不同：形式邏輯中認爲「矛盾概念」與「反對概念」不一樣。前者是不能相容的，如方與圓、奇數與偶數等；後者是可以相容的，如冷與熱、黑與白等。辯證法中則認爲兩個彼此相反的概念，統稱爲「矛盾」，不區分爲「矛盾」與「反對」兩者。

總之，研究辯證法，就應以辯證觀點來看它，不要把形式邏輯的觀念，用在辯證法裡來。例如：桌子是桌子，桌子不是非桌子，不能用在辯證法上，因爲辯證法是認爲「桌子是桌子又是非桌子」才是對的。這是很要緊的一點，必須加以注意。

現在我們談到辯證法的運用，實在來說，運用辯證法在思維任何事物，只要在正面想之後，反面想一想就是了，簡單的很。下面多舉幾個實例證實之。

先從「遊大霸尖山」說明正反合的運用。當我們決定與同學數人同遊大霸尖山的時候，首先會想到「正」的方面，一旦登山成功，站在被征服的大霸尖山頂處，居高臨下，傲視群峰的驕傲、神氣、舒暢，以及「高人一等」的心情，堅定你前往的決心與意志，就是在路途之上有些勞苦、困難，在所不辭，因爲那是應付出的一點代價，同時換回的成果實在太大了，確也值得。

不懂辯證法的人想到這裡就整裝出發了。懂辯證法的人還要「反」面想一想，萬一上山以後下不來怎麼辦呢？於是就準備一些紅色小布條，在上山路上隔不遠的路旁樹上綁一條，沿途一路綁上去，以便山下救援的人沿紅布條找到你，這就是「合」了。

依辯證法發展的過程，這裡的「合」還不是最安全、最高級的，還要進一步在「正」方面周全的準備，「反」方面剷除缺點，再三的正反思索得到結論，再做遊大霸尖山的計畫，實施起來，成功率必能達到極高的境地。

反之，不懂辯證法的人想到「正」就整裝出發，成功率減低，失敗率增高，許多人上了大霸尖山下不來，而發生山難者，多是屬於這些人。

再從「寫作文章」說明正反合的運用。我國古時文人寫作文章時多採用「起、承、轉、合」四段落方式寫作。其中「起」即前言；「承」即從「正」方談；「轉」即從「反」方談，最後是結論即是「合」。由此足見「正反合」思想我國自古也有之，這又是個鐵的證明。例如以「論兩岸統合」爲題，用正反合的方式寫作最爲恰當，分段如下：

（一）前言（起）：概要敘述兩岸統合之意義，以及形成兩岸統合的主因等。

（二）正（承）：從「正」面寫兩岸統合的好處。

（三）反（轉）：從「反」面寫兩岸不統合的壞處。

（四）結論（合）：就「正」、「反」兩者論點，作出必須兩岸統合的堅定有力的結論。

依此方式寫成的文章，必定是一篇「言之有物，合乎邏輯，立論周延的文章，在詞句上再稍加修飾，輸入情意，必屬「文情並茂」的上乘作品，是可預期的。

再從心理發展過程的現象來舉例說明正反合的運用。

當吾人擬訂作戰計畫時，首先要考量我們自己的力量，如部隊的大小、戰力之強弱、官兵之素質、武器之精劣、作戰之士氣，以及作戰地區的政治、經濟、社會的各種情況，這就是「正」。再根據情報研究敵人之兵力大小，戰力優劣，以及士氣、訓練、政治、經濟及社會各種情況，這就是「反」。將這「正」、「反」兩方面分別考慮的結果，比較優劣，然後提出以自己的優點彌補自己的缺點，並避開敵人優點長處，進而發揚我之長處打擊敵人之弱點的結論。根據此一結論，擬訂作戰計畫，就是「合」了。

但是這個「合」僅是初步的，必須繼續不斷依據戰況的進展、最新的情報，及敵我雙方各種力量（兵力、火力、機動力等）的增減，再擬訂第二個作戰計畫（合），如是這般的一直就正、反兩方面的變化逐漸擬爲最佳的作戰勝敵計畫，直到戰勝敵人爲止。戰勝敵人的作戰計畫，雖然並不是潛能全力發揮，毫無瑕疵缺點的已達「絕對」境地，但是由於敵人已被打敗，勝利業已獲得，不必再繼續推演下去了。若有第二戰爭，再從頭依正、反、合程序推演之。整個推演思維過程，以圖示之如下：

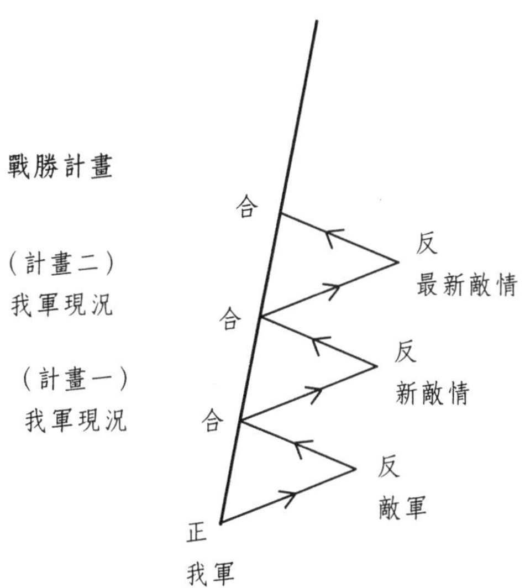

當吾人擬訂作戰計畫時，也可以從另外一個角度來運用「正、反、合」的思維程序。其作法如下：

考慮作戰計畫時，第一個觀點，就是（這個計畫）要制勝敵人，這就是「正」。第二個觀點，如果（這個計畫）萬一不能戰勝敵人，或竟失敗了，將如何呢？這就是「反」。第三個觀點，就是將第一、第二兩個觀點，相互對照。相互比較其優點、缺點的所在，進而適切的修正原作戰計畫，來切實執行，這就是「合」了。

再明白一點的說，首先依據敵我雙方兵力、火力、士氣，以及作戰地域之政治、經濟、社會等情況，決定用中央突破的戰術，一舉消滅敵人，就是「正」。接著考慮到萬一不能勝敵，例如敵之逆襲主力部隊從右側出現，我軍右翼部隊受到威脅，不能全力執行中央突破任務時怎麼辦呢？這就是「反」。思考的結果，在中央突破的戰術原則下，加強右翼單位作戰實力，並用空襲消滅敵人逆襲部隊以策應中央突破任務之遂行，這就是「合」了。繼而再三地想到「反」，修正自己的「合」，直到戰勝敵人爲止。以圖示之如下：

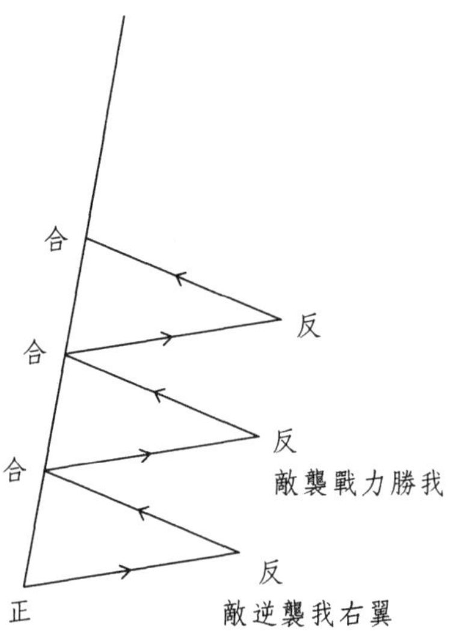

最後再從歷史發展過程的現象來舉例說明之。例如：民國初年一般士大夫醉心於民主政治，不問其基礎何在，也不詳究其動力爲何，以爲只要有國會、有內閣，就算是民主政治；經過袁世凱帝制、張勳復辟、軍閥混戰，一般人才接受總理的革命方略，以武力掃除障礙，以訓政建立基礎，方能進入憲政時期。在這裡可以說：「民主政治」的觀念是「正」，北洋軍閥的反動混戰、背叛民國是「反」，而總理的建國大綱、民權主義才是「合」。再就最近我們與中共競爭的過程和方式來說，當然國民革命是「正」，中共背叛國民革命是「反」，今後仍舊由我們主導自由民主人權的普世價值，

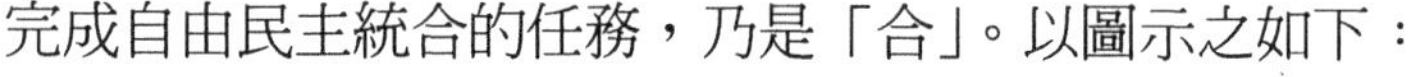
完成自由民主統合的任務，乃是「合」。以圖示之如下：

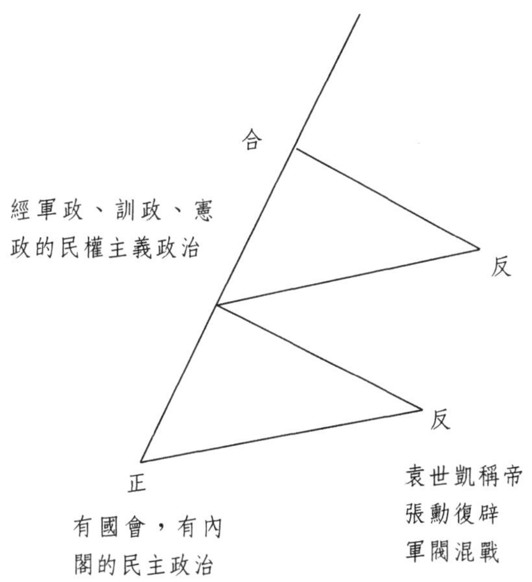

辯證法最大的好處，就是我們在思考問題時，不會犯「一廂情願」的毛病，也有使吾人「勝不驕，敗不餒」的作用。以下分別說明之。

先談不犯「一廂情願」的毛病：一般人通常思考問題時，多半打「如意算盤」，一旦發生相反的情事，便感到倉皇失措，不知如何應付，於是認為：「此事出人意料之外」，或說這是天意，歸之於命運欠佳，其實不然，那是事先未充分運用「正反合」的辯證法的結果，犯了一廂情願的毛病。楚漢之際，漢高祖與楚霸王爭霸天下，相持對壘、難分高低。此時漢高祖遣使言和，以鴻溝為界，中分天下。楚霸王信以為眞，將俘虜的太公、呂后送還，但楚霸王率兵東歸之時，漢高祖已命韓信等部將埋伏截擊，自己也率兵隨後追趕。楚霸王遭此突變，而致兵敗烏江自殺而死。力拔山兮氣蓋世的楚霸王，被後人譏為「匹夫之勇」。究其原因，都是楚霸王先醉心於和，而未考慮到和的反面（戰）而得的惡果。楚霸王自認為漢高祖畏戰，才主動遣使與其言和，再者以鴻溝為界且有利於自己，一廂情願的想著漢高祖會遵守和約，不會越過鴻溝，他自己也可以榮歸故里，好好的炫耀於江東父老面前。當情況突變時，不知所措，無從應付，只有嘆惜是「天意滅楚」，非人力所能改變而自刎了生。

再就「勝不驕，敗不餒」而言：如果你在戰役中獲勝了，立即反面想到失敗，就不會被勝利沖暈了頭，儘快做些保持勝利成果的工作，不要驕傲；如果你在戰役中失敗了，立即反面想到「失敗為成功之母」，不必灰心氣餒，應再接再勵。簡言之，就是勝利了不得驕橫大意，以防失敗的來臨；失敗了不必氣餒，再接再勵以策未來的勝利。如是，就是運用「正反合」的辯證法了。

第三節　唯物辨證法的形成與運用

共產黨人說，辯證法有黑格爾的辯證法與共產黨的辯證法，黑格爾辯證法是唯心的，共產黨辯證法是唯物的，這完全是吹牛欺騙，「辯證法」是黑格爾集「正反合」思想之大成而創立的，它是黑格爾的，他人可以研究，也可以解釋，更可以利用，但不能做為創立人。同時共產黨徒對「辯證法」的基本認識也是微乎其微，在馬克思與恩格斯的全集中，馬克思討論辯證法的文章，僅有三十四頁，恩格斯的也不過是一百二十幾頁。而恩格斯討論的，又多屬於自然辯證法，是辯證法在自然界的應用，已非眞正的辯證法。而唯物辯證法的形成沿革眞相如何？

先從馬克思談起，馬克思認爲黑格爾的辯證法中，精神領著物質依「正反合」的規律進展是錯的，應該是物質領著精神依「正反合」的規律進展才是對的，所以馬克思曾批評黑格爾辯證法是「頭腳倒置」。其實是馬克思利用費爾巴哈的唯物論來武裝了辯證法，使其「革命化」，把它「從思想的王國轉移到現實的王國」。

再者，馬克思襲取黑格爾辯證法也不是全部的，對其革命造反有利的則取，否則捨之。黑格爾辯證法第一部分是存在論，其內涵有：

（一）質量互變法則（重點放在黑氏的量變質也變部分）。

（二）對立統一法則（重點放在黑氏的統一對立法則）。

（三）否定之否定法則（重點放在黑氏的第一個否定之否定部分）。

到了恩格斯，又依據馬克思理論更強調其重點部分，消極的遠離所餘的另一部分。例如馬克思重點強調者計有：

（一）從量變轉變到質變的過程。

（二）矛盾鬥爭是唯物辯證法的主要法則。

（三）否定之否定法則有廣泛的效用。

（四）運動、變化與發展的觀點。

到了列寧，則非常重視矛盾，隨時隨地製造矛盾、把握矛盾、利用矛盾，在別人的矛盾中作各種工作，完成他的事業。如果說他生活在別人的矛盾中，也不算言過其詞，他對付自由民主國家、對付一切他的敵人，甚至於對付一切和他有來往的人，都是使用這個手法：先找對方的矛盾。簡單的說來，就是找反對對方的人，也就是找對方的反面。對於對方的反面盡力協助，使對方的反面成功了，他的對方也就消滅了。就是因爲列寧非常重視矛盾，所以列寧的唯物辯證法把對立統一法則提到前面來，並且定名爲矛盾律。其順序以及和馬恩氏唯物辯證法之關係如下：

（一）矛盾律（對立統一法則）。

（二）質變律（質量互變法則）。

（三）否定律（否定之否定法則）。

唯物辯證法演變到此，業已成型。後來雖也有史達林等人的修訂，但皆在此範圍之內，沒有太大的變動。史達林也曾不用「否定律」名詞，但其實質上仍遵循著否定律進展，史達林以後再也沒有人修訂唯物辯證法了，也足見思維法則的創造、修改都不是一般人所能做得到的。

至於共產黨人在唯物辯證法的應用上，則是另外有一套。他們認爲唯物辯證法的應用，實際上就是矛盾律的運用，其餘兩法則，只是矛盾律的補充而已。共產黨人認爲矛盾律者，就是一切事物皆有其內在矛盾，這個內在對立兩個矛盾，一個是「正」的，一個是「反」的，正的愈來愈沒落，反的則愈來愈成功，等正的沒落殆盡，反的完全成功的時候，這件舊事物毀滅了，新事物就產生了。

由於內在矛盾的存在，內在矛盾的尖銳化，在兩個對立物之中，正的方面日趨沒落，反的方面日趨成功，當正的方面沒落殆盡，反的方面即將成功之時，這件事物，已失去重要性質，已不再是原來事物，於是舊事物毀滅，新事物產生。同時共產黨人認定正方一定敗給反方，反方必屬於勝利者，則更堅定其造反一定獲得勝利的信心。

共產黨人對付其敵人之時，先尋覓敵人之內在矛盾，又找出內在矛盾反的方面，再努力協助反的方面，使其成功，敵人即可崩潰了。共產黨人進行顛覆工作也是如此，先協助被顛覆者的反對者，使反政府分子成功，其顛覆工作也就成功了。過去列寧的打倒沙皇，毛澤東支持反對政府黨派，所謂「民主人士」、「社會賢達」竊取整個大陸，而今中共又直接間接支持以民逼官、以商逼政、反對我政府等等，無一不是運用這套，不戰而屈人之兵，不勝而得人之地。吾人再不猛省，眞的稱得上是「痲木不仁」了。

共產黨人認爲使反的方面成功，正的方面毀滅，由舊事物一變而爲新事物，這個轉變，採取什麼形式呢？它是先在量上起變化，它是先由量變起始，量變到了限度，本質才有變化，才發生質變。所謂質變律，只能表示舊事物轉變成新事物的形式而已。矛盾律已說明舊事物轉變爲新事物，質變律除轉變形式以外，沒有其他作用，固質變律是矛盾律的補充。

肯定要走到否定，否定再走向否定之否定；正面走向反面，反面再走向反面的反面；也就是舊事物轉變成爲新事物，新事物再走向新新事物。矛盾律也已說明這一點，所以否定律僅是矛盾律的推演而已，也就是說明否定律是矛盾律的補充。

綜上所言，共產黨從對唯物辯證法的運用，實際上就是矛盾律的運用，至於質變律、否定律也只是矛盾律的補充。換言之，我們破唯物辯證法的要領，就是直破矛盾律，使矛盾律不能得逞，唯物辯證法就徹底破產了。

再用大陸失守這個血的事實，來證明共產黨人如何運用唯物辯證法。當年抗戰勝利之初，共黨決心叛亂，他們就把我們的特殊矛盾，按條寫下來，在其中尋覓主要矛盾，他們以為我方財政來源，只有二途：其一是國內一切收入；其二是美國援助。國內收入，因中共全面叛亂，故日漸減少；對美國的要求，自然也相對增加。有時美國不肯供給，故政府有許多困難，中共以為，如我方需要和美國支援，兩者可以變成對抗的矛盾，也就是有一天美國不再支援，政府將無力量再與中共作戰。於是中共將兩者的矛盾，當為主要矛盾，他們就使用了他們的慣技，就是集中力量突擊一點的方法，向此一矛盾進攻，他們用盡了人力、物力、財力，派遣人到美國去宣傳，又利用了各國共產黨在美國叫囂，使美國的國會議員、行政部門的要員，漸漸認為不應援助我國政府，反對援助的人愈來愈多，量的增加到了某一限度，由援助一變而為不援助（質變），政府無力剿共，致使大陸失守。

反觀當今臺灣，中共及其同路人又在重施故技，使安定的社會在自力救濟、遊行抗議、暴力事件、國會亂象、治安敗壞、企業出走等擾亂情形日漸增加量的狀況下，一旦質變為不安定的社會，即足以威脅到國家的生存。國軍幹部、維護國家安全人士及全民均負有保國衛民重責大任，不可不察也。

第四節　唯物辯證法之荒謬

專節討論唯物辯證法之荒謬，目的有二：期能了解其荒謬，現在我們進一步逐條加以批駁，找出它荒謬之處。

一、矛盾律的謬誤

先談矛盾律。矛盾律是唯物辯證法的基礎，質變律、否定律僅係矛盾律之補充，所以對於矛盾律之批駁是重點所在。

馬克思認為：「對任何事物都必然要當做對立的統一去觀察」，又說：「對立的統一是有條件的、暫時的、過渡的，只有相互排斥、鬥爭，才是絕對的。」換言之，馬克思對宇宙任何完整的東西，都要看成是充滿了矛盾和鬥爭。所以他把整個的世界、複雜的社會現象，以及任何事物，都要分成矛盾對立的兩部分；既然有了矛盾對立，進一步挑撥鼓動使其展開鬥爭，而且認為有鬥爭才有進步，這樣就引出共產黨階級鬥爭的理論了，這也就是「造反有理」的根據。

國父在《民生主義》〈第一講〉中，對馬克思這種邪說就提出了最中肯的駁斥。　國父說：「古今一切人類所以要努力，就是因為要求生存，所以社會才有不停的進化。」又說：「社會之所以有進化，是由於社會上大多數人經濟利益相調和，而不是由於社會上大多數人的經濟利益相衝突。」又說：「互助是進步的動力。」我們依據　國父此一觀點，顯明的指出矛盾律的錯誤有三點：

（一）宇宙的一切現象是和諧、均衡、巧妙的配合。萬物才能各得其所，各遂其生。人類也然，因此人群的社會要以和諧、均衡、親愛、互助為原則。　國父說：「社會國家者，互助之體也；仁義道德者，互助之用也。」有這樣的社會體制，這樣的內在精神，才能適合人類的生存發展。

如果眞像唯物辯證法矛盾律所說，一切皆在矛盾中，彼此有矛盾、互相就鬥爭，天天打得天黑地暗，個個拚得頭破血流，還像個什麼社會呢？人類在此互鬥爭的社會中，如何能生存呢？生存都有問題，焉能有進化進步可言呢？共產黨徒說蛋的胚胎與蛋黃蛋白鬥爭的結果，胚胎勝利了，才有小雞生出來，就是「鬥爭是進步的動力」的例證。我們不以爲然，小雞所以生出來，是胚胎與蛋黃蛋白密切配合，和諧相處，彼此支援的結果。如果是彼此互不相讓，拚個我死你活，此一蛋必成爲臭蛋，絕對不會有小雞出來。還是 國父說得對：「互助是進步的動力」。

（二）我們不否認宇宙間的事物與現象有些是對立的，例如：上與下、前與後，左與右，光與暗……，卻不能機械的把所有事物都看成對立。例如：人體內有消化、循環、排泄、神經等等系統，這其中誰與誰對立呢？誰又應該與誰相互鬥爭呢？一個社會之中有士農工商各行各業，彼此互補長短、互供所需；各行各業的策劃者、指揮者、執行者、協調者彼此各盡其職，密切配合，哪裡來的對立、哪裡來的鬥爭呢？共產黨徒把分工合作視爲彼此對立，眞是荒謬至極。果眞鬥爭起來，社會就亂了，進而敗亡，是毋庸置疑的。

（三）退一步說，宇宙間確也有些彼此對立的事實，相互鬥爭的現象。例如：某家庭中夫婦失和，經常吵架；某一篇文章中，前後發生了矛盾，提出的論據不能支持論點；

某學校中校長與職員間有不合作、不協調的現象；或一架電視機接觸不良、畫面不清。但這些都是病態而非常態，只有病態才發生矛盾，引發分裂與鬥爭，其結果必然趨於毀滅。只有均衡、互助、和諧才有進展，向前邁進。　國父又說：「馬克思只是社會病理學家」，確係一語道破，也係一語中的。

二、變律的謬誤

馬克思認為事物的變化是因為有矛盾，而分裂，而鬥爭。但其過程是先有量變，並且是漸變，一方面增長一方面消滅，量變到某一限度，強的一方消滅了弱的一方，這個事物便引起了突變，而變成另一個新的事物。馬列主義者為了證實這個法則是對的，常引用此一例子：貨幣原只是一種交換的媒介，等貨幣逐漸累積，數量愈來愈多，就變成投資的資本，而資本的性質與貨幣不一樣，那是一種新的東西，它已經不再是交換的媒介，而成為剝削的工具。

事實上我們知道，貨幣由交換媒介變為投資資金，不是貨幣的質變了而是其作用變了，其本身仍然是貨幣。因為一塊錢固然能買東西用，也可以是做小本生意的本錢，不能因為資金小而不叫資金。再如千萬元固然能當資金投資，也可以做零用錢花用，大富翁一擲千萬元賜給兒女做環遊世界的費用，也不能說沒有，當然也不能說千萬元只能做資金用，不得做旅費用。再者資金的形成乃在於使用的目的與方式。從前農業社會中的土財主，窖藏了大量的金銀在地下而捨不得用，或者慈善家以大量的金錢幫助貧困，興辦教育、醫療事業，尤其近年來政府投下大量的資金推動各項擴大內需建設，以及全國同胞自動捐獻的國防基金，動輒數千億元，款額不為不巨，但是並未變成剝削的工具。甚至於私有的資金，投入生產行列，發展國家經濟，富國利民而獲得合法的利潤與報酬，同時也充裕了國庫稅收，也不能說這些資本是剝削的工具！

馬克思所看到的是資本主義早期的英國，當時情形是這樣的。現代進步的社會中是不允許其存在的：

（一）政府制定勞工法、最低工資法、失業救濟法、勞工保險法、分紅入股制度，保障職工權益，資本家想剝削也辦不到。

（二）工人有了工會，甚至於政黨，以保障其權益，絕不接受資本家的剝削。

（三）資本家也知道勞資雙方均利與社會和諧，生產事業才能發展，資本家才能發財。美國汽車大王亨利福特就是如此做而發大財的。

足見馬克思看偏了，不夠周延，不周延的東西如何當法則呢？再者法則所以稱之為法則，必須具備必然性與普遍性，以及確定性。而今唯物辯證法的量變與突變，在時間上就有確定性。如就一年與一個月來說，一年是漸變，一月是突變；就一個月與一天來說，一月是漸變，一天是突變。那麼一月是漸變呢？還是突變呢？顯然既是漸變又是突變，是不確定的。不確定如何能任法則呢？荒謬之大不言而喻。

三、否定律的謬誤

馬克思認為否定律是質變律的引申。他認為經過質變後產生的新事物，內部仍然有矛盾，還要分裂，還要鬥爭，還要變成更新的事物，這就是否定之否定了。馬克思把否定律用到社會問題上，只是想證明二次革命理論的正確性，指出經過工業革命後，資本主義否定了原有的封建社會，還得再經過社會革命，把資本主義的社會否定掉，才能進入共產主義的社會。這種荒謬的論調，　國父已用一次革命論後來居上，畢其功於一役的辦法，加以徹底批駁了。事實上世界各國的發展也未依馬克思所說的順序在發展。諸如俄國並未經過資本主義社會，而逕行進入共產主義的社會；資本主義社會的美國、英國、法國早已達到資本主義的巔峰，也沒有一個進入社會主義的社會；新興發展國家如韓國、新加坡、臺灣，更直接用社會改良與民生建設的方法，向民主繁榮國家大步邁進，事實上證明不必經過否定了再否定的多次革命。臺灣在經濟發展過程中，同時完成了經濟奇蹟的成功例證，更實證了　國父一次革命理論的優異性與其可行性。

共產黨人常用一粒麥子爲例，說一粒麥子落在泥土後，經過發芽而長葉，便否定了原來的麥子，最後產生了新的麥粒，又否定了葉枝，即是否定之否定，來說明民主革命否定封建社會，必須再有共產革命做最後否定。硬把生命發展連續分爲三個段落，是社會發展也是三段的證明，那麼蘇俄的共產主義社會又應該由誰去否定呢？那麼共產主義的社會之後新的社會又是什麼樣子呢？當然馬克思並未考慮到這一點。到史達林時代則意識到了，於是便下達命令把這條「否定律」取消了。使唯物辯證法三大定律只剩下兩條定律了，說起來眞是荒謬到了極點。

正確的來說，麥子、麥苗、新的麥粒僅其形態改變，而其生存力仍在，沒有什麼一個否定一個。社會發展也是如此，社會形態改變，而社會發展、人求生存力是沒有被否定掉的。否定應該是手段，否定一切阻撓防礙麥子生長的風霜蟲害才對，求生存才是目的。就國家來說，應該否定那些阻礙社會安寧、國家發展的軍閥、黑金、流氓太保，以達到國家求發展，人民求生存的眞正目的。

唯物辯證法不是一種邏輯思想，不能做爲思想法則，共產黨人是藉矛盾律來製造矛盾的，進行分化進行統戰的；藉質變律爲階級鬥爭論藉口的；藉否定律是爲了否定人類文化，否定合法社會爲其眞正目的。明白了這一點，我們就可以用眞的辯證法──黑格爾辯證法，大破共產黨徒用的假的辯證法──唯物辯證法。我們深信「眞理必定戰勝邪說」是天經地義的。

辯證法的基本概念，就是認爲思維與事物都有它的兩重性。在中國，這種概念也是很早就有的。比如朱熹就曾說過，一是一個道理，卻有兩端，同處不同，譬如陰陽，陰中有陽，陽中有陰，陽極生陰，陰極生陽，所以神化無窮。老子也有「天下萬物生於有，有生於無」的說法，另外他還說，道生一，一生二，二生三，三生萬物。這都可說是一種辯證的思想。我們知道辯證法是講聯繫變化的。這種聯繫與變化，都是由於思維上與事物上都具有它的兩重性或多重性。問題在你如何來面對這些事實。馬列主義者對人類社會言，就是基於此一基本概念，以階級的成見，將社會分成了各種不同的階級，最後歸之爲資產階級與無產階級。而且把這兩個階級說成了是無法調和的死對頭，也就是毛澤東所謂的敵我矛盾。一旦由此一觀點出發，一切都是階級的鬥爭了。所以列寧說，馬克思學說中主要之點，就是「階級鬥爭」。如果我們站在互助與合作的立場來看問題，這種兩重性或多重性，正是相輔相成，互補長短的一種道理。

尤其是我們不能把自然現象的聯繫變化與否定，解釋爲人類社會的階級鬥爭。因爲自然現象是一種不變的生生不息的道理。這種生生不息的聯繫與變化，固然是後者否定了前者。但對人類社會進化言。這種變化與否定卻只是一種思維與概念的發展。這種思維與既念的發展，也就是人類知識的進步。這種進步，進而也促成了人類文明的不斷向前。因此，人類的進步，和人本身的否定與鬥爭沒有關係。階級鬥爭就是將自然現象加諸於人本身的一種作法。把人當成了物，來加以否定與鬥爭。這不但違反了人性，也與人類的進化不相符合。

總之，我們認爲辯證法是講變化的。人類以其知識與智慧，在不斷的變化與發展中，利用了事物的不變規律，才能使人類文明有不斷的進步。因此，辯證法對人類社會言，它只是一種思維的規律，不是人與人之間的階級鬥爭。

第十一章
邏輯融會貫通與實踐篤行（代結論）

第一節　四種基本的思考方法

第二節　思想上常見的謬誤

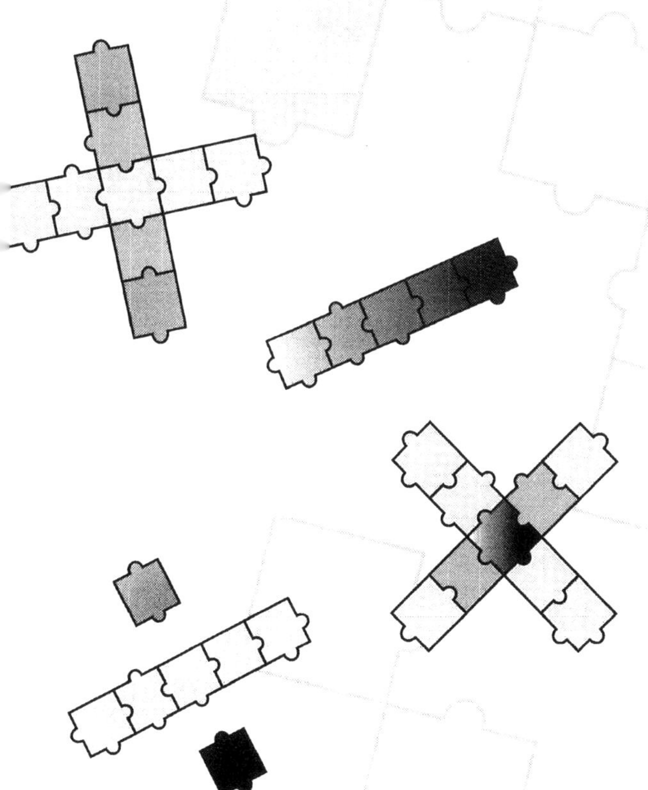

第一節　四種基本的思考方法

【一個雞蛋當富翁】

貧窮令人恐懼，甚至恐懼得富於想像。

有一對貧窮的夫妻，窮得家徒四壁、三餐不繼。某一天，丈夫在路上撿到一個雞蛋，突然喜出望外地奔回家，衝進門大喊：「我們發財了！」

他的妻子不解地問：「我們發什麼財？」

「我們發財了！我們真的發財了！不信你看！」丈夫拿出手中的雞蛋給妻子看。

「才不過是個雞蛋嘛。」妻子回答。

丈夫興高采烈地說：「我們要發財就完全靠它了！」

「就靠一個雞蛋也能發財？你少做白日夢吧！」

丈夫說：「只要將它孵出小雞就行了。」

「孵小雞？」妻子說：「我們哪來的母雞？」

「我們可以向鄰居借」，丈夫繼續說：「等小雞孵出來了，就換一隻小母雞回來。」

「那也只不過是一隻小母雞呀！」妻子說。

「我們把小母雞養大，雞生蛋，蛋又生雞，不消二年工夫，就有三百隻雞了。」

妻子問：「那又怎樣？」

丈夫回答：「把雞賣了，大約可以買五頭牛。大母牛生小母牛，小母牛長大了，母牛再生母牛……。」

妻子忍不住打岔：「那得要多久時間？」

「很快，很快就有了」，丈夫答道：「前三年，我們至少有二十五頭；再三年，我們就可以有一百五十頭了。」

妻子聽到這裡，臉上掩不住驚訝的表情，不禁張大了口。

丈夫又說：「把牛賣掉，我們可以得到一大筆錢。然後拿這筆錢放款借人，就像雞生蛋、母牛生小牛，小錢慢慢會變成大錢，要不了二年。」

「我們就發財了！」兩人異口同聲大呼。

夫妻兩人愈說愈高興，開始盤算計畫發了財以後該怎麼花這筆錢。

「我要買很多化妝品」，妻子說：「還要買很多漂亮的衣服。」

丈夫也說：「當然我們也要買一棟新房子、一輛汽車，還有……。」

妻子不禁問道：「還有什麼？」

丈夫喃喃道：「別的有錢人除了房子、汽車之外，還有……還有小老婆！」「你好大的膽子！」她伸手搶過丈夫手中的雞蛋，往牆上用力一丟，「我看你憑什麼討小老婆！」

丈夫來不及阻止，望著牆上的一團黏糊，混雜著破碎的蛋殼、蛋黃與蛋白，正緩緩沿著牆面往下流，他的發財夢也碎了，揉合著多少沮喪、懊惱、失落和後悔。

這個故事改寫自明朝的《雪濤小說》，它的基本架構很像童話故事《賣牛奶的女孩》，小女孩從一罐牛奶推出一座農場，後來牛奶打翻了，一切夢想遂化爲烏有。

大陸文人鄧拓於1961年在《燕山夜話》中提到了這個故事，用意在譏諷依靠投機發財的醜惡思想。此處舖陳改寫這個故事，用意則是介紹人的四種基本思考方法：歸納法、演繹法、類比法和辯證法。

一、歸納法：結論僅供參考

歸納法最基本的定義就是：從具體的、個別的實例中，推出抽象、普遍的結論或通則。舉個簡單的例子，你每次看見的馬都是四隻腳的，這是具體的、個別的實例；你可以因此而得出一條抽象的、普遍的結論：「馬都是四隻腳的。」這就是歸納法。

我們生活中極大部分的知識都是靠歸納法獲得的。例如你正在熬夜，半夜三點鐘，肚子逐漸有一種熟悉的感覺，你知道那叫做「餓」（這是歸納得來的）。你找出一碗泡麵，你知道吃下它就可以讓「餓」的感覺消失（這是歸納法得來的）。但是你需要熱開水，才能煮熟泡麵（這是歸納得來的）。你提了一壺水，放到瓦斯爐上，點了火，開始煮開水，你知道過不了多久，就可以有熱水沖泡麵了（這是歸納得來的）……。換句話說，如果失去了歸納的能力，可以想像生活將變得如何一團混沌而難以掌握駕馭。

從前面的故事中，我們可以見到歸納法：蛋可孵出小雞、小母雞長成大母雞會生蛋、小母牛長成大母牛會生小母牛……。但是，我們知道，他手中的雞蛋還不一定能孵出小雞，或許它不是受精卵，或許鄰居家的母雞不肯孵蛋，或許肯孵蛋卻把蛋踩破了，或許孵出了一隻病小雞……也就是說，丈夫的歸納結論「蛋可以孵出小雞」漏洞很多，並不正確。至於其他的一連串設想，漏洞亦所在多有，可以同理類推。

歸納法的漏洞，正是我們應用歸納法時應該注意的重點。一般而言，我們所應用的歸納法，有完全和不完全兩種。完全歸納法是指所觀察歸納的實例爲完全而無遺漏的；不完全歸納法則不然。例如你想知道某出版社有沒有出版小說，很容易觀察得完全；如果你想知道「天下烏鴉一般黑」，除非能看遍過去現在未來所有烏鴉，否則難以確定。前者屬於完全歸納，後者即是不完全歸納。

不論是完全歸納法或不完全歸納法，歸納法所得到的結論只能供我們參考。後者固然不必說，即使是前者，我們也往往無法絕對保證已經掌握了「全部」的實例。就算已經觀察過全部的實例，觀察是否正確也是個問題。

應用歸納法，一方面必須儘可能客觀而正確地了解、掌握實例；一方面必須要求實例愈好、觀察的時間愈長愈好。我們不應見某人手中有一冊小說，就斷言他喜好文學，也許那只是他人借放的。也就是說，不可以僅憑草率的觀察、簡單的實例，就做出武斷、誇大的結論，這不是追求眞理應有的態度。

正因爲歸納法有以上的不足，我們藉歸納法而獲致的結論務必態度審慎而保留。只要有任何「例外」，也就是「反證」，我們即必須適度修改結論。此外，即使一個在過去現在完全正確的結論，並不表示在未來也如此。一個過去從不吃魚的人，不意味未來也絕不吃魚；在卵生的鴨嘴獸尚未引起動物學家注意之前，「所有哺乳類都是胎生的」這個結論誰能反對？牢犯每次見到獄卒，都是送飯給他吃，或許有一天獄卒出現卻是帶他出獄或行刑。

對於自己歸納出來的判斷和結論固然應謹慎，對他人的說法也應該持相同的態度。凡是出現「所有」、「一切」、「全部」、「必然」、「絕對」、「從不」……等等字眼的敘述，正好提醒我們應該更小心思考。

二、演繹法：推求未知的過程

演繹法與歸納法正好相反。歸納法是根據具體實例而得出抽象的結論或通則；演繹法則是根據一個一般性的說法或通則，推導出個別的對象應爲如何。歸納法是由個體到全體，演繹法是由全體到個體。例如：「人餓了就須進食」。由這條通則，我們可以演繹出：「我是人，我餓了，也必須進食。」、「張三是人，他餓了，也必須進食。」

前面提到的故事中，應用演繹法之處如：「雞蛋可以孵出小雞，我的雞蛋也可以」、「小母雞長大會生雞蛋，我的小母雞長大也會生雞蛋」、「雞可以賣錢，我的雞長大了也以賣錢」……等等都是。

在演繹法中，據以推導出結論的陳述，稱爲「前提」。由前提以演繹結論的方式，較常見的有四種：

（一）定言三段論

所有的人都會死；（前提）

孔子是人，（前提）

因此，孔子會死。（結論）

（二）選言三段論

他不是已婚就是未婚；（前提）

他不是已婚，（前提）

因此，他未婚。（結論）

（三）假言三段論

若是飯煮熟了，表示電鍋沒有故障；（前提）

飯煮熟了，（前提）

因此，電鍋沒有故障。（結綸）

（四）聯言三段論

張三必和李四共進晚餐；（前提）

張三吃過晚餐了，（前提）

因此，李四也吃過晚餐了。（結論）

演繹法是根據若干既有的通則或結論而進行論證的，而這些通則或結論則是由歸納得來的。換句話說，歸納法是演繹法的基礎。一般說來，只要前提及推論的過程無誤，結論「通常」是正確的。

爲何說「通常」呢？前面提過：正確的推論過程及前提固然重要，並無法保證結論必然正確；正確的結論也可能來自錯誤的推論過程和前提。

就邏輯論邏輯，照理是應該接受一個由正確的前提及無誤的推論過程所獲致的結論。不過，就事實而論，並不盡然。舉個例子：

所有的殺人者都應該判刑；

劊子手是殺人者，

因此，劊子手應該判刑。

這個例子的前提及推論都是正確的，但是就常理而言結論並不正確。如果要在邏輯上推翻結論，除非重新定義前提中的「殺人者」一詞，例如：「未經法律許可而致人於死的，稱爲殺人者」，如此一來，前例中的第二個前提不正確，我們就可以既合常理又合邏輯地不接受其結論。由此可見，重新檢討前提有時是必要的。

再舉例說明不正確的前提及推論而得到正確結論：

所有的山東人都是教育家；

孔子是山東人，

因此，孔子是教育家。

除非你比照前例，重新定義前提中的「山東人」，否則其前提不正確，不過無論如何結論是正確的。

演繹法的前提來自歸納法的結論，歸納法的結論有其適用的範圍而且並非絕對的定理，因此，演繹法的引用就必須考慮其範疇和性質，範疇不同、性質有異的，結果往往錯誤，如前引「殺人者」及「孔子」二例。

推論的過程與前提同等重要。你必須小心檢查過程是否有所根據、是否足以使前提引申出結論。以前面提到的四種常見的三段論爲例：（括號內文字乃說明錯誤之原因）

（一）定言三段論

所有的人都會死；

孔子會死，（會死的不只是人）

因此，孔子是人。

（二）選言三段論

他不是已婚就是未婚；

他今年二十五歲，（與已婚或未婚無關）

因此，他未婚。

（三）假言三段論

若是飯煮熟了，表示電鍋沒有故障；

電鍋沒有故障，

因此，飯煮熟了。（電鍋沒故障但不放水、不插電也無法煮熟）

（四）聯言三段論

張三必和李四共進晚餐；

張三吃過午餐，

因此，李四也吃過午餐了。（李四未必和張三共進午餐）

以上四例都是推論過程錯誤，而其結論的對錯已是另一回事，與前提無關。

總而言之，權衡一個由演繹法得來的結論，必須審查其前提、推論過程及結綸三方面，但是除了邏輯上的正確之外，既有的知識及常識也很重要。歸納法本已不盡可靠，由之而來的演繹法當然也有質疑的餘地。

三、類比法：輔助說明而無法證明

「類比法」從字面上看，即是取類似之處互相比照說明的意思。詳細地說，就是取兩件事物加以比較，使人看出其間的相似之處，或者釐清某些複雜的觀念，也就是一般所說的比喻。

前面提到的「一個雞蛋當富翁」故事，其中用到類比法之處，如：「別人利用蛋孵雞、雞生蛋、母牛生小牛等方式賺錢，我也能用相同的方法賺錢」；「就像雞生蛋、母牛生小牛，小錢慢慢會變成大錢」；「別的有錢人有房子、汽車、小老婆，我有了錢也要有房子、汽車、小老婆」。

相較於歸納法和演繹法，類比法是更加不可靠的方法。類比法只有輔助說明的功能，卻無證明的效力；上焉者可以使結論更有力，下焉者卻有誤導的陷阱。

類比法，也就是比喻，在文學修辭上的重要性先不提，僅就它在說明上的輔助作用而言，漢朝的劉向在《說苑》一書中，就曾舉了一個很好的故事，足以說明：

有人告訴梁王：「惠子（惠施）這個人說話時很善於運用比喻，若是不准他用比喻，那麼，他就立刻變得口齒笨拙了。」

梁王聽從這人的話。隔天，他見到惠子：「你說話的時候總是用各種比喻，請你以後談事情說道理不要再用比喻，有話直說就是了。」

惠子聽完梁王的話，反問：「如果說，有這麼一個人，他不曉得彈弓的形狀。別人告訴他說，彈弓的形狀就像彈弓。請問，他能了解嗎？」

梁王說道：「當然無法了解。」

惠子繼續問：「如果換個方式告訴他說，彈弓的形狀就像弓箭的弓，只不過，彈弓是用竹子做弦。請問這麼一說之後，他能夠了解嗎？」

梁王回答：「當然可以。」

於是，惠子說道：「解說道理，本來就是應該用對方所已知的來說明他所未知的，要用這種方法，才能使對方了解。如今大王您要我不能用比喻，那怎麼可以呢？」

梁王聽了惠子這一番話，不禁連連點頭稱是。

類比法的輔助說明之功能，長久以來一直是幫助我們理解的重要工具，例如我們對無法目見的「聲波」之理解，正如同理解水波一樣。不過不適當的類比卻也同時是誤解的主因。有很長一段時期，人們將「光」的組成類比成一堆具有質量的小粒子，因此有「光子」的名稱；另有一群科學家則主張光是只具有能量而不具質量的。目前的主張則綜合前兩種說法，合稱是「量子」，也就是說，光是同時具有質量與能量的特性。

類比法沒有證明的效力，例如以下的論證：

地球是宇宙中的一顆星球，地球有生物；

月球也是宇宙中的一顆星球，

因此，月球也有生物。

這個論證若化成類比形式即是：「就像地球上有生物，月球也應該有生物。」但不論其論證形式為何，終究是不正確的。類比法可以使結論更加生動有力，加強推論的力量，然而其結論終究必須靠其他方式獲致，而非類比法本身。

類比法最大的優點同時也是它最大的缺點，它使人更輕易接受其結論，而不深思此結論是否正確合理。類比法在修辭上的作用之大，主要乃訴之於人的感性，導致無法冷靜而理智地分析。邏輯學家勞伯．蕭勤士提醒我們，遇見一個類比時，應該立刻研究論據與主題的類比關係到底到何等程度，有些類比是合理的，但仍必須再提出其他理由；有些類比是不完全的，我們必須指出其破綻；有些類比則是牽強荒謬的，不必理會，最根本的方法，還是應經過實際的觀察加以檢驗。

按照勞伯．蕭勤士的意見，我們可以舉出一些實例來說明。

「人之需要空氣，猶如魚之需要水。」這樣的類比是合理的，但是應該再提出人之所以需要空氣，以及魚之所以需要水，在生理乃至物理等方面的理由才行。「領袖之於國家，就像大腦之於身體。」這樣的類比是不完全的，我們可以很容易指出其破綻：身體沒有了大腦，會立刻死亡，但是國家沒有了領袖，並不一定會滅亡。所以兩者類比是不恰當的。

至於牽強荒謬的類比，最容易見到的是出現於批評攻擊的文字。例如候選人互相攻詰時，張三說李四：「把票投給李四，就像派個跛腳的賽跑、找個瞎眼的帶路。」或如某評論家的話：「他堅守殘敗不堪的破茅屋，仍企圖與正義眞理的狂風暴雨頑抗，益顯得不自量力。」這兩例共同的特點都是足以在聽衆或讀者腦海中留下鮮明的意象，可是與批評的對象本身何干？這類型的類比，完全是單方面主觀的想像和虛設，無關於主題。勞伯．蕭勤士教我們，將這類比略做修改，就可以得出與原先相反的另一類比；有趣的是，力量且不亞於原來的類比。我們可以因此而體會出，原先的類比與主題無關的程度，是何等出人意外。

即如此處所舉的兩例，我們簡單修改之後，就成了：「把票投給張三，就像派個跛腳的賽跑、找個瞎眼的帶路。」以及：「我的理論是宏偉無比、固若金湯的城堡，批評者招搖殘敗不堪的破旗，卻冒充正義眞理的大兵，偶爾煽動一陣兩陣有氣無力的微風，企圖撼動這座城堡，益顯得不自量力。」對照原來的內容，就能發現；除了說得漂亮動人，這些文字一無是處。再舉個古人的例子。在《孟子》〈告子上〉中，孟子說：「人性之善也，猶水之就下也；人無有不善，水無有不下。」若將「善」代換成「惡」，效果仍然一樣。因此，孟子在此處以「水往低處流」類比「人性之善」，是不恰當的。

應用類比法，必須是兩個事物在許多方面是類似的，而且愈相似愈好，同時必須是能夠眞正比較的。例如要類比人的生活習性，以猩猩或猴子通常較其他動物要來得適合，因爲猩猩或猴子與人類較類似。又如以人有好人壞人類比鬼也有善鬼惡鬼，就不恰當了，因爲「鬼」之存在與否和「上帝是否存在」一樣難以定論，無法直接比較。

辯證法：正反合的藝術。

「辯證法」（dialectic）一詞和「對話」（dialogue）一詞是從同一字根衍生而來的，從這一點我們可以看出辯證法和對話之間的關係不淺。

辯證法最早是源於蘇格拉底，或者更正確地說，是柏拉圖。蘇格拉底一生沒有著述，我們如今對他所知的一切，莫不是憑靠柏拉圖的記載。在柏拉圖的記載中，蘇格拉底在雅典街頭每天與人討論知識，是採取對話的方式，這正是辯證法最原始的意義與形式。在「一個雞蛋當富翁」的故事中，夫妻之間的對話就是一種辯證法。

辯證法的基本原理是「正」、「反」、「合」三階段的演變。例如某一觀念的提出，本身是「正」；此觀念必有個與之矛盾對立的另一觀念，即「反」；此二觀念會互相衝突，並會在衝突中顯現出彼此的錯誤和不足之處，於是各自排除了對立和矛盾，便產生了另一個全新的觀念，兼有二者之長而無其短，這就是「合」。這一個「合」的新觀念本身又是一「正」，因此必有一「反」，最後又產生一「合」。在正反合的連續辯證過程中，我們即可因之而揚棄謬誤，逐步接近眞理。

辯證法又名「動態邏輯」，它最大的貢獻是提供我們一個新的觀察角度，提醒我們注意事物動態的一面，要我們從動態流變中、從全體的關聯中、從具體的環境中，去觀察事物，如此才能得到更眞實的結論。例如從演繹法看：

一加一等於二：

籠子裡有一隻老虎，籠子外有一隻兔子。

因此，將籠子外的兔子放進籠子裡，籠子裡一共便有二隻動物。

這個論證過程及結論均無誤，可是常識告訴我們，結論的正確只是暫時的，很快籠子裡即會只剩下一隻動物——老虎。這在辯證法看來，即是「質變造成量變」。

兵書上說：「運用之妙，存乎一心」，指兵法的應用不可一成不變、食古不化，也是基於動態的角度觀察事物而論。例如拿破崙寫過一段話：

> 兩個馬木留克兵絕對能打贏三個法國兵；一百個法國兵與一百個馬木留克兵勢均力敵；三百個法國兵大都能戰勝三百個馬木留克兵，而一千個法國兵總能打敗一千五百個馬木留克兵。

這段話的言外之意是說，法國兵比馬木留克兵有紀律，但馬木留克兵擅長單打獨鬥，因此人愈少，對馬木留克兵有利，反之則對法國兵有利。這是如辯證法所說的「量變造成質變」。

本文所提到的，只是最基本的四種思考的方法，其他未能提及的仍多，例如「詭論」就是其一。

詭論是指一些似是而非或似非而是、古怪難解的陳述或命題。這些詭論的產生，有的是因爲常人思考不精密所造成的；有的是智慧惡性運用的結果；還有的則是歷來的智者苦思深研所發現的問題。

有的詭論只要冷靜地分析一下其背景及內容，即可輕易化解；然而，至今仍無理想對應之策的詭論也不少。只要目的不在玩弄邏輯遊戲，研究詭論倒不失爲一項非常有益心智的訓練。

有關思考的方法，就談到此處，這些方法和名稱是前人所研究歸納出來的，人類並非先知道了這些名稱和方法，才懂得如何思考。然而人類的思考能力固然與生俱來，可是正確而有效率地思考，與所有後天習得的技能一樣，必須付出心力才能學得好。總而言之，更了解「如何思考」將使我們思考得更好，這也是我們應該研究思考方法的原因。

第二節　思想上常見的謬誤

一、因謬誤而察覺偏見

「將玫瑰喚作別的名字，它依然芬芳。」任何名稱都是後天人爲的，任何分類也都是爲了研究與討論上的方便。兩者均非絕對。在未開始討論思想上常見的謬誤之前，希望你先有這兩點認識。或許你將在不同的書上讀到關於「謬誤」不同的分類及名稱。

理解這些謬誤對你的益處至少有二方面：一是不被謬誤的判斷

及結論誤導；一是避免自己也犯了相同的謬誤。通常一個說法的謬誤並非單純地僅屬於以下的任何一種，而往往是同時混合了兩種或兩種以上。因此，你在判斷、辨識時，尤須格外細心謹慎才行。還有些時候，被你認定爲某種謬誤的說法，可能只是你的認定失誤，或是由於個人的偏見使然，其實是完全正確的。偏見在所難免，並不必因此感到羞愧，可恥的是明知其爲偏見還強力辯解。羅素說：「知識上最大的罪惡，便是企圖運用哲學上的辯論，來達到情緒上所欲得到的結論。」一旦能察覺自己的偏見，坦白認錯並設法擺脫，這樣的努力必可使心智更加客觀而健全。

最後應強調的是：有些範疇是邏輯無法介入的，譬如價值判斷。你認爲阿珠比她妹妹阿花可愛，你喜歡你哥哥的詩甚於李白、杜甫──這些都與邏輯無關；同樣的，你也不須先經過一番邏輯分析，再決定是否應欣賞江上之清風與山間之明月。邏輯固然可貴，但過分誇張邏輯的功能反而會破壞生活中的許多樂趣。常見的十種謬誤如下：

（一）憑空斷言

僅僅提出一種觀念或說法，而無任何足以支持的有力證據，就是「憑空斷言」式的謬誤。有一句我們經常聽到的名言說：「人天生有雙眼雙耳，卻只有一張嘴巴，意思就是要人多看多聽少說話。」這就是憑空斷言式的謬誤，因爲我們並無法證明如果眞有造物主的話，它造人的原則爲何。

（二）二分法

將論斷的對象簡單劃分爲二，進而推定「非此即彼」，稱爲「二分法」。例如說：「世上的女人只有兩種，一種是愛我的，一種是恨我的；小玉不恨我，所以她必是愛我的。」這當然不對。

不過，有些時候二分法是適用的，如「已婚或未婚」、「活著或死亡」、「男人或女人」、「在家或不在家」等等。我們所欲避免的二分法謬誤是那些不恰當的，也就是不應只劃分爲二類的論斷。不當的二分法往往可以其人之道還治其人之身，而得出完全相反的結論，如前例可改爲：世上的女人只有兩種，一種是愛你的，一種是恨你的；小玉不愛你，所以她必是恨你的。

（三）不相干論證

意指在論證中，不針對論題舉證辯護或反駁，卻引入與論題不相干的因素，企圖轉移注意力。例如有人攻擊某官員貪污，此官員指不出證據證明自己未貪污，卻說：「指責我貪污的人自己有前科，他說的話怎麼能信？」指出他人貪污與否和本身有無前科是無關的，因此這名官員只是在轉移他人的注意力罷了。

（四）循環論證

在一個論證中如果前提與結論互相依賴，前提因結論而成立，結論也因前提而成立，就是「循環論證」。例如：「好學生往往能獲得好成績，因爲好學生都比較用功；好學生都比較用功，因爲好學生往往得好成績。」在這個論證中，先以「比較用功」推論好學生「能獲得好成績」，又以「獲得好成績」推論他們「比較用功」，前提與結論互相依賴，所以稱爲「循環論證」。如果我們進一步問：「假使有個好學生很用功卻沒能獲得好成績，那又如何？」或許對方會回答：「那麼，他還不『夠』用功，所以得不到好成績，當然稱不上好學生。」這種論證當然是無法成立的。

（五）訴諸未知

「訴諸未知」是這一類型謬誤的代表，其他類似的還有「訴諸無能」、「訴諸未經證實或無法證實」等都是。凡是一個論證其前提是未知的或者由於人類無能力而未經證實、無法證實等，都屬於這一類型的謬誤。

例如：張三說李四是個吝嗇鬼，李四毫無反應，可能是默認，也可能是不與張三一般見識，總之這個前提是未知的、不確定的，不可據以斷定李四是吝嗇鬼。

又如：「宇宙是浩瀚無邊的，因爲人類無法找到宇宙的邊際。」宇宙是否有邊際，不可以人類的能力爲衡量的依據，人類無法找到宇宙的邊際，這只表示人類的無能力而已，不能因此就認定宇宙是否有邊際。

再舉一例：「世界一定是上帝創造的，否則誰能創造世界？」世界也許是上帝創造的，不過由於我們無法證實，所以這樣的論證仍是個謬誤。

（六）普遍與個別

這類型的謬誤有二種：一是「以全概偏」，若我們認定某個群體具有某項特性，自然會連帶認定某個屬於該群體的單一的個體也必如此：這是以全概偏式的謬誤：反之即是以偏概全式的謬誤。

舉例來說，如果你覺得美國人的思想和行爲都很開放，當你遇到美國女孩露絲，先入爲主的也覺得她很開放，這就是「以全概偏」；其實她或許比任可人都固執而保守。又如你認識的一個臺北朋友很滑頭，你因此認爲所有臺北人都很滑頭，必須小心提防。這即是「以偏概全」。目前政治上、社會上與「族群」有關的糾紛和是非不斷，根源也不外是「以全概偏」或「以偏概全」兩類型的思想謬誤在作祟。

（七）人身攻擊

「人身攻擊」式的謬誤與前述「不相干論證」本質相同，只不過與論證不相干的因素完全集中在對某人的個人問題之上。例如：兩隊辯論人員，辯論的題目是「學生應不應該穿制服」，甲方說乙方的主辯經常不交作業，乙方嘲笑甲方的助辯是個大胖子……像這樣的辯論即完全與論題無關，只是互相做人身攻擊罷了。

（八）訴諸多數

此處所謂「多數」，亦可能是指風俗習慣、傳統、輿論或權威。我們知道，多數當然並不一定就是正確的，少數也未必是錯的。在輪船尚未發明以前，多數人都不認為鋼鐵能浮於水面；哥倫布的時代，多數人也不認為地球是圓的。因此，將論證的前提訴諸多數人的意見，即是一種謬誤。

因此，凡是以「大家都知道……」、「我們都相信……」、「每個人都這麼想……」、「很多人都同意……」等等類似的句型所陳述的論證，我們都有必要小心檢驗其正確性。

（九）訴諸情感

會造成謬誤的情感包括同情、虛榮、恐懼、自尊、憤怒……等等。這類型的謬誤最不易發覺，歷代的政客、演說家早就知道了：避開理智而動之以情是操控群衆最簡潔有效的方式，不獨於群衆如此，對個人亦然。

更高明的人是：明明訴諸情感，卻讓人有理智判斷的錯覺。例如有人總是說：「任何有理智的人都會同意這種說法……」、「我們相信，會這麼做的，都是最誠實的公民……」，諸如此類的謬誤我們應該設法避免。

（十）偷換概念

一個詞彙往往有數種意義，代表不同的概念。有些論證中同一詞前後數次出現，代表的卻非相同的概念，這種謬誤的形式稱為「偷換概念」。例如：《聖經》說「要愛你的鄰人」，因此婚外情是可以接受的。此處即是將「愛」的概念從廣義的博愛，偷換成狹義的男女之愛情。

前幾年非常流行的「腦筋急轉彎」，其中有很多即是基於偷換概念。如：

「鑰匙掉了怎麼辦？」

「掉了撿起來就好了。」

此處「掉」的概念即從「遺失」被換成了「掉落」。

「偷換概念」是基於語言的「歧義」現象，因此在討論或表達中，凡是易於發生歧義的辭彙，務必定義明確，以避免造成誤會。以上是較常見並被討論的十個謬誤的形式，其他瑣碎而易於判別的謬誤還有一些，例如將經驗的偶然視為事實的必然，就是其一。這種謬誤最典型而容易理解的例子是守株待兔的故事；許多民間的忌諱與迷信也多半是起於相同的謬誤。

只要你能養成冷靜細心的好習慣，要免於為謬誤所欺，其實是十分容易的。

參考書目

中文部分

小野田博一著，邱夢蕾譯，劉福增審稿，《邏輯—說話的聖經》，台北，星光，民八十六。

王克儉著，《黑格爾與馬列主義》，台北，黎明，民八十七。

王迷先著，《唯物論辯證法批判》，台北，政工幹部學校，民五十四。

王超群著，《思維解密》，台北，中華徵信，民八十七。

王傳世著，《思想方法》，台北，傳統書局，民五十九。

巴克（Stephen Barker）著，石元健編譯，《邏輯引論》（*The Elements of Logic*），台北，台灣商務印書館，民五十七。

牟宗三著，《理則學》，台北，正中書局，民六十七。

任卓宣，《思想方法論》，帕米爾書店，民五十。

朱建民、鄺錦倫、黃藿編著，《理則學》，台北，空大，民七十九。

朱鋒編著，《辯論的實戰技巧》，台北，稻田，民八十九。

何秀煌，《記號學導論》，文星書店，一九六五年。

吳家麟主編，林文雄校訂，《法律邏輯學》，台北，五南，民八十二。

吳家麟、湯翠芳著，《輕輕鬆鬆學邏輯》，台北，稻田，民九十。

吳康著，《黑格爾哲學》，台北，商務印書館，民六十。

林玉體，《邏輯》，三民書局，民七十一。

林本，《理則學導論》，台灣開明書局，民五十七。

周天蓬編著，《頂尖說服高手》，台北，漢昇書屋，一九九八。

金澍著，《邏輯》，台北，台灣商務印書館，民六十六。

柯比（Irving Copi）著，張身華譯，《邏輯概論》（*An Introduction to Logic*），台北，幼獅文化事業公司，民六十一。

殷海光，《邏輯新引》，亞洲出版社，民八十二年六版。

陳大齊，《實用理則學》，台北，民五十三。

陳大齊著，《名理論叢》，台北，正中書局，民六十五。

陳祖耀著，《理則學》，台北，三民書局，民六十四。

傅佩榮著，《我看哲學》，台北，業強，民七十八。

教育部訓委會印製，《辯論原則與技巧》，台北，教育部，民八十。

麥思著，《知訊力》，雲林斗六，版圖文化事業，一九九九。

《理則學》，台北，國防部總政治作戰部，民八十二。

張振東編著，《西洋哲學導論》，台灣，學生書局，民六十七。

張鐵君著，《理則學與辯證法》，台北，中央文物供應社，民六十三。

楊惠南著，《邏輯引論》，台北，先知出版社，民六十五。

賈宗復著，《理則學》，台北，三民書局，民七十四。

賈宗復著，《理則學要義》，台北，華國出版社，民七十五。

賈宗復著，《俄共理論的轉變與唯物辯證法的破產》，台北，國防部總政治作戰部。

劉必榮著，《雄辯天下》，台北，希代，民八十五。

劉必榮著，《談判聖經》，台北，商周，民八十五。

劉奇著，《論理古例》，台北，台灣商務印書館，民六十四。

劉俊餘，《簡易理則學》，聞道出版社，民五十七。

劉福增，《現代邏輯引論》，商務，民五十五。

錢志純，《理則學》，文景出版社，民六十一年。

戴華山著，《語意學》，台北，華欣文化事業中心。

《邏輯思維法則與運用》，台北，國防部作戰參謀次長室，民七十七。

Raynond J. Macall著、徐啓明譯，《基本理則學》，台北，政治作戰學校出版，民七十二。

英文部分

Black, Max : *Critical Thinking*. 1952.

Byerly, Henry C : *A Primer of Logic*. 1973.

Carney, Games D. & Richard K. Scheer : *Fundamentals of Logic*.（2nd ed）1974.

Copi, Irving M : *Introduction to Logic*. 1967.

Fearnside, W. Ward & William B. Holther : *Fallacy*. 1959.

Hamblin, C. L : *Fallacies*. 1970.

Kahane, Howard : *Logic and Philosophy*.（5th ed）1986.

L. S. Stebbing : *A Modern Introduction to Logic*. 1961.

Serles, Herbert L. : *Logic and Scientific Methods*. （3rd ed）1968.

人文社會科學叢書

邏輯原理與應用

編 著 者／高哲翰
出 版 者／揚智文化事業股份有限公司
發 行 人／葉忠賢
總 編 輯／林新倫
登 記 證／局版北市業字第1117號
地　　址／台北市新生南路三段88號5樓之6
電　　話／(02)2366-0309
傳　　真／(02)2366-0310
網　　址／http://www.ycrc.com.tw
E-mail ／book3@ycrc.com.tw
郵撥帳號／14534976
户　　名／揚智文化事業股份有限公司
法律顧問／北辰著作權事務所　蕭雄淋律師
印　　刷／鼎易印刷事業股份有限公司
I S B N ／957-818-449-2
初版一刷／2002年12月
定　　價／新台幣320元

國家圖書館出版品預行編目資料

邏輯原理與應用 / 高哲翰編著. -- 初版. --
臺北市：揚智文化 ,2002[民91]
面； 公分. --（人文社會科學叢書）

ISBN 957-818-449-2（平裝）

1.理則學

150　　　　　　　　　　　　　　　91017470